Cours de Langue et Culture Françaises

1

서덕렬

한양대학교 불어불문학과를 졸업하고, 프랑스 파리 10대학에서 프랑스어학 석사와 박사과정(D.E.A.)을 마친 후, 동 대학에서 프랑스어 통사·의미론 전공으로 프랑스어학 박사학위를 취득하였다. 현재 한양대학교 국제문화대학 프랑스 언어·문화학과 교수로 재직 중이며, 캐나다 몬트리올대학교 객원교수로 퀘벡 프랑스어를 연구한 바 있다. 국가고시 프랑스어 시험 출제위원 및 선정위원으로도 활동하고 있다. 저서로는 『기초 실용 프랑스어』, 『심화 실용 프랑스어』, 『프랑스어 문법 파노라마』 등이 있으며, 논문으로 「프랑스어 부정의 통사적 기능 : 분포·기능적 분석」, 「캐나다 퀘벡 프랑스어의 역사와 삶」 외 다수가 있다.

COURS DE LANGUE ET CULTURE FRANÇAISES 1

초판 1쇄 발행 2010년 8월 30일 ● **초판 2쇄 발행** 2018년 5월 10일

지은이 서덕렬 ● **펴낸이** 이영무 ● **펴낸곳** 한양대학교 출판부

주소 서울 성동구 왕십리로 222 ● **전화** 02.2220.1432-4 ● **팩스** 02.2220.1435

홈페이지 press.hanyang.ac.kr ● **이메일** presshy@hanyang.ac.kr

출판등록 제4-7호(1972.2.29) ● **인쇄** 현문

ISBN 978.89.7218.381.5 (94760)

ISBN 978.89.7218.380.8 [세트]

COURS DE LANGUE ET CULTURE FRANÇAISES

SUH DUCK-YULL

1

Presses Universitaires Hanyang

머리말

본 프랑스어 학습서는 프랑스어 전용 강의를 위한 교재로 만들어졌다. 그동안 국내에서 여러 프랑스어 관련 도서들이 출판되어 나왔지만 원서 형식으로 꾸며진 것은 별로 찾아볼 수 없었기 때문에 이 책을 쓰기 시작한 동기가 되었다. 최근 외국어 문학과의 강의가 점차 원어로 진행되는 추세에 있다. 이에 발맞추어 개발된 교재로서 여러 가지 미흡한 점들이 있으나 앞으로 더욱 체계적인 프랑스어 전용 강의 교재를 제작하는 데 일조할 수 있는 좋은 출발점이 되기를 바란다.

*COURS DE LANGUE ET CULTURE FRANÇAISES 1*은 프랑스어 학습에서 가장 기본적이고 필수적인 부분들을 중심으로 구성된 기초단계의 프랑스 언어·문화 학습서이다. 프랑스어 학습 예비 과정인 프랑스어 발음 편을 시작으로 총 20과로 구성되어 있으며 각 과는 문법, 본문, 연습문제의 순서로 구성되어 있다. 문법에서는 본문 속에 포함되어 있는 각 과의 주요 문법 내용들을 학습자들이 이해하기 쉽게 정리하였고, 더 나아가 이러한 문법적인 내용들을 일상어로 응용할 수 있도록 기본적이면서 활용도가 높은 문장들로 구성해 보았다. 본문은 실용적인 어휘와 표현들을 바탕으로 주로 프랑스의 문화와 프랑스인의 일상생활 단면을 엿볼 수 있는 흥미로운 텍스트들을 담고자 하였다. 이는 텍스트 읽기를 통해 학습한 문법 내용들을 적용하여 문장구조를 파악할 수 있는 능력을 기르도록 한 부분이다. 연습문제에서는 각 과의 주요 문법 내용과 본문에서 다루었던 내용들을 점검하면서 여러 유형의 문제들을 통해 학습자의 이해도를 측정하고 앞서 학습했던 핵심적인 내용들을 다시 정리하는 기회를 갖도록 하였다.

아울러 각 과 본문의 내용과 관련된 프랑스 생활, 축제, 여행, 관광, 풍경 등이 담긴 다양한 사진 자료들을 첨부함으로써 학습자들이 프랑스 문화에 대한 이해의 폭을 넓힐 수 있도록 함과 동시에 학습자들의 호기심을 자극하고 학습 동기를 유발할 수 있는 프랑스어 강의가 되도록 최선의 노력을 기울였다.

국가 간에 교류와 협력이 그 어느 때보다 빈번해진 오늘날 외국어 교육의 중요성이 점차 부각되고 있는 만큼 보다 체계적이고 효과적인 교수법을 고민해야 할 시기인 것으로 보인다. 진정으로 내실 있는 지역 교류를 위해서는 지역 연구가 필요하게 되고 이를 위해서는 상대 국가 언어 습득이 절실히 요구되기 때문이다. 유럽에서 선도적인 역할을 담당하는 프랑스의 언어 위상이 국제사회에서도 날로 높아짐에 따라 프랑스어를 체계적으로 학습해 둔다면 매우 유용한 언어 도구로 활용할 수 있을 것이며, 특히 국제무대에서 글로벌 인재로 성장하는 데 커다란 디딤돌이 되어줄 것으로 확신한다.

2010년 8월

서 덕 렬

TABLE DES MATIÈRES

TABLE DES MATIÈRES

TABLE DES MATIÈRES

TABLE DES MATIÈRES

Château de Chambord
(Loir-et-Cher)

Pré-leçon 1

1. Alphabet français

A	a	[ɑ]	J	j	[ʒi]	S	s	[ɛs]
B	b	[be]	K	k	[ka]	T	t	[te]
C	c	[se]	L	l	[ɛl]	U	u	[y]
D	d	[de]	M	m	[ɛm]	V	v	[ve]
E	e	[e, ə]	N	n	[ɛn]	W	w	[dubləve]
F	f	[ɛf]	O	o	[o]	X	x	[iks]
G	g	[ʒe]	P	p	[pe]	Y	y	[igrɛk]
H	h	[aʃ]	Q	q	[ky]	Z	z	[zɛd]
I	i	[i]	R	r	[ɛːr]			

2. Signes orthographiques

1. accent aigu	(´) é	: bébé, été
2. accent grave	(`) à, è, ù	: père, mère, là, où
3. accent circonflexe	(ˆ) â, ê, î, ô, û	: âme, fête, île, flûte
4. tréma	(¨) ë, ï	: Noël, haïr
5. cédille	(¸) ç	: français, garçon
6. apostrophe	(’)	: l’alphabet, l’avion
7. trait d’union	(-)	: arc-en-ciel, est-ce que

3. Système phonétique

(1) Voyelles

voyelles antérieures :	[a]	arrêt	[arɛ]	sac	[sak]
	[ɛ]	elle	[ɛl]	sel	[sɛl]
	[e]	été	[ete]	nez	[ne]
	[i]	il	[il]	si	[si]

voyelles postérieures :	[ɑ]	âge	[ɑ:ʒ]	pas	[pɑ]
	[ɔ]	homme	[ɔm]	sol	[sɔl]
	[o]	eau	[o]	rose	[ro:z]
	[u]	ours	[urs]	sous	[su]
voyelles composées :	[œ]	œil	[œj]	bœuf	[bœf]
	[ø]	euh !	[ø]	peu	[pø]
	[ə]	ce	[sə]	petit	[pəti]
	[y]	unité	[ynite]	sur	[syr]
voyelles nasales :	[ɛ̃]	main	[mɛ̃]	saint	[sɛ̃]
	[œ̃]	un	[œ̃]	lundi	[lœ̃di]
	[õ]	son	[sõ]	long	[lõ]
	[ɑ̃]	sang	[sɑ̃]	ange	[ɑ̃:ʒ]
semi-voyelles :	[j]	aille	[aj]	pied	[pje]
	[ɥ]	lui	[1ɥi]	nuit	[nɥi]
	[w]	toit	[twɑ]	oui	[wi]

(2) Consonnes

b, bb	[b]	bon, abbé
c (+ a, o, u)	[k]	caméra, condition, curiosité
c (+ e, i, y)	[s]	ceci, cinéma, cygne
ç (+ a, o, u)	[s]	ça, reçu, maçon, français
cc (+ a, o, u)	[k]	occasion, accord, accoucher
cc (+ e, i)	[ks]	accident, accessible
ch	[ʃ]	chaise, chanson
	[k]	Christ, archéologie, chrysanthème
d, dd	[d]	dos, addition
f, ff	[f]	front, affaire
g (+ a, o, u)	[g]	garage, gothique, aigu
g (+ e, i, y)	[ʒ]	page, gilet, gymnastique
gu	[g]	guitare, Guy, goguenard
gg	[g]	agglomération, aggravation
gg (+ e, i, y)	[gʒ]	suggestion, suggestif
gn	[ɲ]	campagne, mignon, montagne
gn	[gn]	stagnation, gnomon

h (muet)		l'homme, l'honneur, l'hommage
h (aspiré)		la honte, le héros, la hutte
j	[ʒ]	jamais, bijou, Jean, jeune
k	[k]	képi, kilo
l, ll	[l]	il, elle, j'appelle
m, mm	[m]	homme, moment
p, pp	[p]	pour, peine, supposition
ph	[f]	philosophe, photo
qu	[k]	qui, que, quatre
r, rr	[r]	raison, arrêter
s, ss	[s]	soleil, passer
(voyelle +) s (+ voyelle)	[z]	raser, saison, maison
sc (+ a, o, u)	[sk]	scandale, discorde, sculpture
sc (+ e, i, y)	[s]	science, scie, scythe, scène
t, tt	[t]	tante, attester, cette
ti	[ti]	pitié, question, platine
	[si]	martial, essentiel, nation, démocratie
v	[v]	vogue, avant, vase
w	[v]	wagon-restaurant
	[w]	tramway
x	[ks]	express, texte
	[gz]	examen, exercice, exemple
	[s]	dix, Bruxelles
z	[z]	zéro, zèle

Pré-leçon 2

Orthographe et Prononciation

(1) Voyelles orales

a	[a]	année, la, table, face
	[ɑ]	pas, tasse, raser
â	[ɑ]	âge, hâte, âme, pâte, château
à	[a]	là, à
ai	[e]	j'ai, aisance
	[ɛ]	laine, mais, aile, j'aurais
ay (= ai + i)	[ɛj]	paysage, crayon, rayer, essayer
au	[o]	aussi, gauche, chaud
	[ɔ]	il aura, Paul
e	[ə]	je, ne, me, le, menu
	[e]	chez, aimer, égoïsme
	[ɛ]	mer, cette, celle, dessin
é	[e]	été, vérité, thé, bébé
è	[ɛ]	mère, père, après, modèle
ê	[ɛ]	être, tête, forêt
eau	[o]	eau, veau, tableau, bateau
ei	[ɛ]	neige, peine, reine
eu	[ø]	peu, feu, neveu
	[œ]	peur, leur, neuf, bonheur
ey (= ei + i)	[ɛj]	asseyons-nous
i	[i]	difficile, possible
î	[i:]	île, épître, gîte
o	[o]	rose, chose, mot, sot
	[ɔ]	votre, note, port, mobile
ô	[o]	ôter, nôtre, alcôve, cône
oe	[wa]	moelle
oê	[wa]	poêle
œ	[ø]	vœu, œufs
	[œ]	sœur, cœur, œuf, bœuf

oi	[wa]	bois, soie, moi, oiseau
	[wɑ]	trois
oî	[wa]	boîte
oy (= oi + i)	[waj]	loyal, royal, voyage
ou	[u]	loup, où, ou, mou, tout, rouler
oui	[wi]	Louis, oui
u	[y]	lune, sur, dur, unité
ui	[ɥi]	lui, puis, puits, suite
uy (= ui + i)	[ɥij]	tuyau
y (= i + i)	[j]	yankee, yeux
	[i]	y, syllabe

(2) Voyelles nasales

am, an	[ɑ̃]	angle, ample, chambre, lampe
em, en	[ã]	membre, temps, ensemble, tendance
om, on	[õ]	bonté, nombre, bombe, garçon
um, un	[œ̃]	parfum, humble, brun, lundi
aim, ain	[ɛ̃]	faim, main, bain
ein	[ɛ̃]	sein, plein, peinture
im, in	[ɛ̃]	impôt, simple, vin, intérieur
ym, yn	[ɛ̃]	symphonie, nymphe, syndicat, syntaxe
ien	[jɛ̃]	chien, bien
oin	[wɛ̃]	loin, foin, coin, soin

(3) Signes de Ponctuation

[.]	le point	[!]	le point d'exclamation
[,]	la virgule	[...]	les points de suspension
[;]	le point virgule	[—]	le tiret
[:]	les deux points	[( )]	les parenthèses
[?]	le point d'interrogation	[《 》]	les guillemets

Leçon 1

GRAMMAIRE

I. L'article indéfini

Singulier		Pluriel
Masculin	Féminin	Masculin et Féminin
un	**une**	**des**

un homme	des hommes
une femme	des femmes
un livre	des livres
une chaise	des chaises

II. C'est... Ce sont... Qu'est-ce que c'est ?

III. Le mot interrogatif : Est-ce que... ?

Qu'est-ce que c'est ?

C'est un livre. C'est une serviette.

Ce sont des crayons. Ce sont des règles.

Est-ce que c'est un livre ? - Oui, c'est un livre.

Est-ce que ce sont des crayons ? - Oui, ce sont des crayons.

Est-ce que ce sont des sacs ? - Non, ce ne sont pas des sacs, ce sont des serviettes.

Qu'est-ce que c'est ? - C'est un foulard.

Qu'est-ce que c'est ? - Ce sont des cravates.

EXERCICES

I. Écrivez *un* ou *une* :

1. C'est ... gomme.
2. C'est ... homme.
3. C'est ... banc.
4. C'est ... stylo.
5. C'est ... femme.
6. C'est ... crayon.
7. C'est ... livre.
8. C'est ... serviette.
9. C'est ... chaise.
10. C'est ... cahier.
11. C'est ... horloge.
12. C'est ... table.

II. Écrivez *c'est* ou *ce sont* :

1. __________ un garçon.
2. __________ des gants.
3. __________ une fille.
4. __________ des foulards.

III. Écrivez *est-ce que* ou *qu'est-ce que* :

1. __________________ c'est un stylo ? - Oui, c'est un stylo.
2. __________________ c'est ? - C'est une serviette.
3. __________________ c'est une table ? - Oui, c'est une table.
4. __________________ c'est ? - Ce sont des crayons.

Leçon 2

GRAMMAIRE

I. L'article défini

	Singulier	Pluriel
Masculin	**le (l')**	**les**
Féminin	**la (l')**	

le, la devant **a, e, i, o, u, h muet** → **l'**

le père	la mère	les pères	les mères
le pantalon	la jupe	les pantalons	les jupes
l'étudiant	les étudiants		
l'université	les universités		
l'horloge	les horloges		

II. Voici... Voilà...

Vous montrez un objet, une personne.
Voici une maison.
Voilà le professeur.

III. Qui est-ce ?

Qui est-ce ? - C'est Pierre.

IV. Où... ?

Où est le livre ? **Où** sont les étudiants ?

Qui est-ce ?

Voici un vélo.

Qu'est-ce que c'est ?

C'est un vélo.

C'est le vélo de Pierre.

Voilà une voiture.

Qu'est-ce que c'est ?

C'est une voiture.

C'est la voiture de M. Vincent.

Voici un garçon.

Qui est-ce ?

C'est Jean.

Voilà une fille.

Qui est-ce ?

C'est Marie.

C'est Pierre ?

Non, c'est Jean.

C'est Hélène ?

Non, c'est Marie.

Où est le vélo ?

Il est devant la voiture.

Où est la voiture ?

Elle est derrière le vélo.

Où sont les gants ?

Ils sont sur la table.

Où sont les serviettes ?

Elles sont sous la table.

EXERCICES

I. Écrivez *le, la* ou *l'* :

1. ... livre 2. ... montre 3. ... étudiant
4. ... sac 5. ... homme 6. ... disque
7. ... professeur 8. ... chapeau 9. ... table
10. ... horloge 11. ... mur 12. ... serviette

II. Écrivez *voici* ou *voilà* :

1. __________ un sac. 2. __________ une serviette.
3. __________ le professeur. 4. __________ la valise.

III. Écrivez la question :

1. __________________ ? - C'est Pierre.
2. __________________ ? - Le livre est sur la table.
3. __________________ ? - C'est M. Vincent.
4. __________________ ? - La chaise est devant la table.

Leçon 3

GRAMMAIRE

I. Verbe ÊTRE

Présent (de l'indicatif)

forme affirmative	forme négative	forme interrogative
OUI	NON	?
1. Je **suis**	1. Je **ne** suis **pas**	1. Suis-**je** ?
2. Tu **es**	2. Tu **n'**es **pas**	2. Es-**tu** ?
3. Il **est**	3. Il **n'**est **pas**	3. Est-**il** ?
Elle **est**	Elle **n'**est **pas**	Est-**elle** ?
1. Nous **sommes**	1. Nous **ne** sommes **pas**	1. Sommes-**nous** ?
2. Vous **êtes**	2. Vous **n'**êtes **pas**	2. Êtes-**vous** ?
3. Ils **sont**	3. Ils **ne** sont **pas**	3. Sont-**ils** ?
Elles **sont**	Elles **ne** sont **pas**	Sont-**elles** ?

II. Le féminin des adjectifs = masculin + e

grand → grand**e** vert → vert**e**

ATTENTION ! jaune, rouge, rose : **masculin** = **féminin**
un chapeau rouge, une robe rouge
long, épais, gros, bas - long**ue**, épai**sse**, gro**sse**, ba**sse**

III. Le pluriel des adjectifs = singulier + s

grand**s** - grande**s** vert**s** - verte**s**

ATTENTION ! gris, roux : **singulier** = **pluriel**

IV. La forme interrogative d'une phrase

a) avec **est-ce que** :

Il est étudiant.	**Est-ce qu'**il est étudiant ?
Paul est étudiant.	**Est-ce que** Paul est étudiant ?

b) avec **l'inversion** :

Il est étudiant.	**Est-il** étudiant ?
Paul est étudiant.	**Paul est-il** étudiant ?

Je suis grand.

Je suis grand.
Tu es petit.
Il est grand.
Elle est petite.

Nous sommes grands.
Vous êtes petits.
Ils sont grands.
Elles sont petites.

Le foulard est bleu.
Les foulards sont bleus.

La cravate est bleue.
Les cravates sont bleues.

Le gant est rouge.
Les gants sont rouges.

La robe est rouge.
Les robes sont rouges.

Le mur est haut.
Le crayon est long.
La chambre est large.
Le livre est épais.

Le mur est bas.
Le crayon est court.
La chambre est étroite.
Le livre est mince.

De quelle couleur est le stylo ? - Il est noir.

Est-ce que la robe est grise ? - Non, elle n'est pas grise.
Elle est blanche.

Comment est le mur ? - Il est haut.

Comment sont les murs ? - Ils sont hauts.

• Nombres

0	1	2	3	4	5	6	7	8	9	10
zéro	un	deux	trois	quatre	cinq	six	sept	huit	neuf	dix

EXERCICES

I. Conjuguez «être gros», au présent de l'indicatif :

II. Complétez :

Je ... grand. Tu ... petit. Il ... gros. Elle ... mince. Nous ... grands. Vous ... petits. Ils ... gros. Elles ... minces. Les livres ... épais. Le crayon ... long. Tu ... grand. Vous ... grande. Vous ... grands.

III. Écrivez le contraire (≠) :

1. Le mur est haut, le mur est ...
2. La règle est longue, la règle est ...
3. Le cahier est épais, le cahier est ...
4. Le banc est étroit, le banc est ...

IV. Écrivez le féminin :

1. Le livre épais, la gomme ...
2. Un long crayon, une ... règle.
3. Le mur étroit, la table ...
4. Le mouchoir blanc, la cravate ...

V. Accordez l'adjectif de couleur avec le nom :

1. (brun) une maison ________________
2. (vert) des livres ________________
3. (rouge) des fleurs ________________
4. (gris) des tables ________________

VI. Répondez :

1. De quelle couleur est la craie ?
2. De quelle couleur est le stylo ?
3. De quelle couleur sont les sacs ?
4. De quelle couleur sont les robes ?

Leçon 4

GRAMMAIRE

I. Verbe AVOIR

Présent (de l'indicatif)

forme affirmative	forme négative	forme interrogative
OUI	NON	?
1. J'**ai**	1. Je **n'**ai **pas**	1. Ai-**je** ?
2. Tu **as**	2. Tu **n'**as **pas**	2. As-**tu** ?
3. Il **a**	3. Il **n'a pas**	3. A-t-**il** ?
Elle **a**	Elle **n'a pas**	A-t-**elle** ?
1. Nous **avons**	1. Nous **n'**avons **pas**	1. Avons-**nous** ?
2. Vous **avez**	2. Vous **n'**avez **pas**	2. Avez-**vous** ?
3. Ils **ont**	3. Ils **n'**ont **pas**	3. Ont-**ils** ?
Elles **ont**	Elles **n'**ont **pas**	Ont-**elles** ?

II. Le pluriel des noms en -eaux :

un tableau → des tabl**eaux**
un manteau → des mant**eaux**
un bateau → des bat**eaux**

un oiseau → des ois**eaux**
un chapeau → des chap**eaux**
un couteau → des cout**eaux**

III. Les expressions : Il y a Est-ce qu'il y a ? (= Y a-t-il ?) Qu'est-ce qu'il y a ? Combien de... ?

Un livre est sur la table. = **Il y a** un livre sur la table.
Des livres sont sur la table. = **Il y a** des livres sur la table.
Combien de livres avez-vous ?
Combien avez-vous de livres ?

Dans la salle de cours

Où sont les étudiants ? - Ils sont dans la salle de cours.

Comment est la salle de cours ? - Elle est très grande.

Combien de murs a-t-elle la salle de cours ?

- Elle a quatre murs. Ils sont hauts et épais.

Est-ce qu'il y a des portes et des fenêtres ?

- Oui, il y a deux portes et quatre fenêtres.

Est-ce qu'il y a des tables et des chaises pour les étudiants ?

- Oui, il y a vingt tables et vingt chaises pour les étudiants.

Qu'est-ce qu'il y a pour le professeur ?

- Il y a un bureau. Il est devant les étudiants.

Qu'est-ce qu'il y a derrière le professeur ?

- Il y a des tableaux noirs.

• Nombres

11 onze	12 douze	13 treize	14 quatorze	15 quinze
16 seize	17 dix-sept	18 dix-huit	19 dix-neuf	20 vingt
21 vingt et un	22 vingt-deux	23 vingt-trois	30 trente	31 trente et un
32 trente-deux	40 quarante	41 quarante et un	42 quarante-deux	50 cinquante
51 cinquante et un	52 cinquante-deux	60 soixante	61 soixante et un	62 soixante-deux

70	71	72	80	81
soixante-dix	soixante et onze	soixante-douze	quatre-vingts	quatre-vingt-un
82	90	91	92	100
quatre-vingt-deux	quatre-vingt-dix	quatre-vingt-onze	quatre-vingt-douze	cent
101	110	200	1 000	10 000
cent un	cent dix	deux cents	mille	dix mille

4. EXERCICES

I. Complétez avec le verbe *avoir* :

1. J' ... un chapeau.
2. Tu n' ... pas de livre.
3. Est-ce qu'il ... un professeur ?
4. Nous n' ... pas d'ailes.
5. ... -vous des pattes ?
6. Ils ... un stylo.

II. Mettez à la forme négative :

1. Elle a une auto.
2. J'ai un appartement.
3. Elles ont des manteaux.
4. Vous avez une maison.
5. Nous avons une classe à l'université.

III. Répondez aux questions :

1. Y a-t-il un professeur dans la salle de cours ?
2. Qu'est-ce qu'il y a derrière le professeur ?
3. Combien de murs y a-t-il dans la salle de cours ?
4. Est-ce que la salle de cours est petite ?
5. Où sont les étudiants ?

IV. Mettez au pluriel :

1. Le tableau est noir.
2. Le chapeau est rouge.
3. Le livre est bleu.

4. La cravate est blanche.
5. L'oiseau est jaune.
6. Le couteau est pointu.

V. Mettez au singulier :

1. Ce sont des règles.
2. Voici les horloges.
3. Les cahiers sont sur les tables.
4. Où sont les étudiants ?
5. Est-ce que ce sont des filles ?

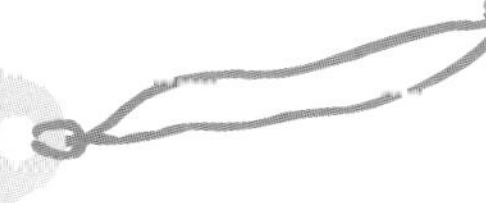

Amiens
(Somme) Cathédrale Notre-Dame

Leçon 5

GRAMMAIRE

I. L'adjectif possessif

	Je	Tu	Il, Elle
Masculin singulier	**mon**	**ton**	**son**
Féminin singulier	**ma**	**ta**	**sa**
Masc. et fém. pluriel	**mes**	**tes**	**ses**

	Nous	Vous	Ils, Elles
Masc. et fém. singulier	**notre**	**votre**	**leur**
Masc. et fém. pluriel	**nos**	**vos**	**leurs**

le livre de Jacques : **son** livre
le livre de Catherine : **son** livre
la famille de Jacques : **sa** famille
la famille de Catherine : **sa** famille

ATTENTION !

ma	→	mon	a ... e ... i ... o ... u ... h(muet)	(mon oreille)
ta		ton		
sa		son		

II. Verbe PARLER, 1er groupe : - ER

Présent (de l'indicatif)

forme affirmative	forme négative	forme interrogative
Je parl**e**	Je **ne** parle **pas**	**Est-ce que** je parle ?
Tu parl**es**	Tu **ne** parles **pas**	Parles-**tu** ?
Il parl**e**	Il **ne** parle **pas**	Parle-t-**il** ?

Nous parl**ons**	Nous **ne** parlons **pas**	Parlons-**nous** ?
Vous parl**ez**	Vous **ne** parlez **pas**	Parlez-**vous** ?
Ils parl**ent**	Ils **ne** parlent **pas**	Parlent-**ils** ?

* grand, petit, gros, long, beau : généralement **avant** le nom un **gros** livre, le **gros** livre, les **gros** livres, **des** livres bleus ; mais **de** gros livres (**de**, si l'adjectif pluriel est avant le nom pluriel).

La famille de Jean

Dans la famille de Jean, il y a six personnes : son grand-père, sa grand-mère, son père, sa mère, sa sœur et lui. Ses grands-parents sont vieux, mais ils sont en bonne santé.

Son père travaille dans une université. Il est professeur. Mais sa mère ne travaille pas. Elle s'occupe de la famille. Les parents de Jean ne sont ni vieux ni jeunes. Sa sœur travaille au lycée. Elle est lycéenne.

Jean est étudiant. Il a une tête ronde, des cheveux bruns, des yeux bleus. Ses bras et ses jambes sont longs. Il est beau et grand.

• Nombres ordinaux

1er	2^{e}	3^{e}	4^{e}	5^{e}
premier	deuxième (second)	troisième	quatrième	cinquième
6^{e}	7^{e}	8^{e}	9^{e}	10^{e}
sixième	septième	huitième	neuvième	dixième
11^{e}	12^{e}	13^{e}	14^{e}	15^{e}
onzième	douzième	treizième	quatorzième	quinzième
16^{e}	17^{e}	18^{e}	19^{e}	20^{e}
seizième	dix-septième	dix-huitième	dix-neuvième	vingtième

EXERCICES

I. Mettez l'adjectif possessif :

1. Le professeur parle à ... étudiants.
2. Tu montres ... classe.
3. Il regarde avec ... yeux.
4. Nous écoutons ... professeur.
5. Elles marchent avec ... jambes.
6. Vous êtes dans ... classe.

II. Répondez :

1. De quelle couleur sont les cheveux de Jean ?
2. Est-ce que ses yeux sont bleus ?
3. Comment sont ses bras et ses jambes ?
4. Est-ce qu'il est beau ?
5. Est-ce qu'il est petit ?

IV. Mettez au pluriel :

1. Un grand mur
2. Une lèvre mince
3. Une grosse règle
4. Un long crayon
5. Une joue ronde
6. Un petit œil

V. Mettez au pluriel :

1. Est-ce qu'il parle français ?
2. L'oiseau vole avec ses ailes.

3. L'étudiant n'écoute pas son professeur.
4. Il n'ouvre pas la porte.
5. Ferme-t-elle la fenêtre ?
6. Le professeur montre sa classe.

Leçon 6

GRAMMAIRE

I. Les articles contractés

de + le → **du**	Les bras **du** garçon
de + les → **des**	Les bras **des** garçons
	Les bras **des** filles
de l'	Les yeux **de l'**étudiant
de la	Les jambes **de la** fille
à + le → **au**	Je parle **au** garçon.
	Je parle **au** professeur.
à + les → **aux**	Je parle **aux** étudiants.
	Je parle **aux** filles.
à l'	Je parle **à l'**étudiant.
à la	Je parle **à la** fille.

II. L'adjectif interrogatif : quel

	singulier	pluriel
Masc.	**quel**	**quels**
Fém.	**quelle**	**quelles**

Quelle classe préférez-vous ?

Quels sont les douze mois de l'année ?

III. Verbe FINIR, 2e groupe : - IR

Présent (de l'indicatif)

forme affirmative	forme négative	forme interrogative
Je fin**is** Tu fin**is** Il fin**it**	Je ne fin**is** pas Tu ne fin**is** pas Il ne fin**it** pas	Est-ce que je fin**is** ? Fin**is**-tu ? Fin**it**-il ?

Nous fin**issons**	Nous ne fin**issons** pas	Fin**issons**-nous ?
Vous fin**issez**	Vous ne fin**issez** pas	Fin**issez**-vous ?
Ils fin**issent**	Ils ne fin**issent** pas	Fin**issent**-ils ?

On conjugue comme **finir** :
blanchir (blanc), rougir (rouge), jaunir (jaune), grandir (grand), grossir (gros)

Quel jour du mois est-ce aujourd'hui ?

Quel jour du mois est-ce aujourd'hui ?

- Aujourd'hui, c'est le 1er avril.

Quel jour de la semaine est-ce aujourd'hui ?

- Aujourd'hui, c'est mercredi.

Combien de jours y a-t-il dans une semaine ?

- Il y a sept jours : lundi, mardi, mercredi, jeudi, vendredi, samedi, dimanche.

Combien de mois y a-t-il dans une année ?

- Il y a douze mois : janvier, février, mars, avril, mai, juin, juillet, août, septembre, octobre, novembre, décembre.

Quel est le premier mois de l'année ?

- C'est janvier. L'année commence le 1er janvier. C'est le jour de l'an.

Quel est le dernier mois de l'année ?

- C'est décembre. L'année finit le 31 décembre. C'est la Saint-Sylvestre.

• Nombres ordinaux

20e vingtième	21e vingt et unième	22e vingt-deuxième	30e trentième	40e quarantième
50e cinquantième	60e soixantième	70e soixante-dixième	71e soixante et onzième	80e quatre-vingtième
81e quatre-vingt-unième	90e quatre-vingt-dixième	91e quatre-vingt-onzième	100e centième	

EXERCICES

I. Mettez *du* ou *des* :

1. Le livre ... professeur est sur la table.
2. Les cahiers ... étudiants sont rouges, bleus ou verts.
3. Les pattes ... chien sont courtes.
4. Les aiguilles ... montres sont noires.

II. Complétez avec *au* ou *aux* :

1. Je parle ... professeur.
2. Les petits Français n'ont pas de classe ... mois d'août ni ... mois de septembre.
3. Nous donnons des livres ... petits garçons.
4. Le professeur donne des livres ... étudiants et ... étudiantes.

III. Écrivez et répondez :

1. Combien de mois y a-t-il dans une année ?
2. Quels sont les mois de l'année ?
3. Combien de jours y a-t-il dans une semaine ?
4. Quel est le dernier mois de l'année ?
5. Quel jour est-ce aujourd'hui ?
6. Combien d'heures y a-t-il dans un jour ?

IV. Mettez la forme correcte de *quel*, *quelle*, *quels*, *quelles* :

1. ____________ classes est-ce que vous avez aujourd'hui ?
2. ____________ exercices est-ce que vous préférez ?
3. ____________ est le premier mois de l'année ?
4. ____________ jour est-ce que nous sommes ?
5. ____________ étudiantes sont intelligentes ?

Leçon 7

GRAMMAIRE

I. Verbe ALLER (présent de l'indicatif)

Je **vais**	Nous **allons**
Tu **vas**	Vous **allez**
Il **va**	Ils **vont**

Il va à l'université.
au cinéma.
au café.

Comment allez-vous ? - Je vais bien, merci.
Cette robe va bien à Cathie.
Ce chapeau ne va pas bien avec cette robe.

II. Verbe FAIRE

Je **fais**	Nous **faisons**
Tu **fais**	Vous **faites**
Il **fait**	Ils **font**

III. Il fait...

Il fait	beau (temps)	(du) soleil	jour
	mauvais	du vent	nuit
	chaud	du brouillard	
	froid		
	frais		
	doux		
	bon		

Il pleut. (pleuvoir)
Il neige. (neiger)
Il gèle. (geler)

IV. Le pronom *on*

En été **on** est en vacances, **on** va à la plage.
En France, **on** ne travaille pas le premier mai.
On va au cinéma dimanche ?

Quatre saisons

L'année a quatre saisons : le printemps, l'été, l'automne et l'hiver. Maintenant, nous sommes au printemps. Le ciel est bleu et clair. Le soleil brille. Il fait beau et doux. Les feuilles sont vertes et il y a beaucoup de fleurs partout. Les oiseaux chantent sur les branches des arbres.

En été quel temps fait-il ? - Il fait très beau et chaud. Déjà les fruits grossissent, mais ils ne sont pas encore mûrs. On est en vacances. On va à la plage ou à la montagne. C'est la saison des vacances : on voyage en voiture, en train ou en autocar.

En automne, il ne fait ni chaud ni froid. Il fait frais. Le ciel est gris. Il y a du vent et il pleut souvent. En France, c'est la saison des parapluies. Les feuilles des arbres sont jaunes, brunes et rouges : elles tombent et le vent emporte les feuilles mortes.

En hiver, il fait froid, il neige et la terre blanchit. Les arbres n'ont ni feuilles, ni fleurs, ni fruits. Ils sont blancs sous la neige. Le paysage est triste, mais il est beau. Est-ce que les jours sont longs en hiver ? - Non, les jours sont courts et il fait nuit tôt.

EXERCICES

I. Mettez le nom d'une saison :

1. Au ... il y a des fleurs.
2. En ... il fait beau.
3. En ... il fait du vent, et les feuilles des arbres tombent.
4. En ... la terre est blanche.
5. En ... il fait chaud.
6. En ... il fait froid.

II. Répondez :

1. De quelle couleur est le ciel au printemps ?
2. De quelle couleur sont les feuilles au printemps ?
3. En quelle saison tombent les feuilles ?
4. De quelle couleur est la neige ?
5. Quel temps fait-il en hiver ?
6. Fait-il chaud en été ?
7. Quel temps fait-il aujourd'hui ?
8. En quel mois sommes-nous ?
9. En quelle saison est le mois de mai ?
10. Est-ce que les jours sont longs en hiver ?

Beauno
(Côte-d'Or) Les Hospices

Leçon 8

GRAMMAIRE

I. Les trois groupes de verbes

1er groupe	2^e groupe	3^e groupe		
...er	**...ir**	**...ir**	**...oir**	**...re**
parler	finir	sortir	voir	entendre

II. Les verbes : prendre, mettre, sortir, voir

prendre		mettre	
Je **prends**	Nous **prenons**	Je **mets**	Nous **mettons**
Tu **prends**	Vous **prenez**	Tu **mets**	Vous **mettez**
Il **prend**	Ils **prennent**	Il **met**	Ils **mettent**

sortir		voir	
Je **sors**	Nous **sortons**	Je **vois**	Nous **voyons**
Tu **sors**	Vous **sortez**	Tu **vois**	Vous **voyez**
Il **sort**	Ils **sortent**	Il **voit**	Ils **voient**

III. L'adjectif *tout*

	singulier	pluriel
Masculin	**tout**	**tous**
Féminin	**toute**	**toutes**

ex : **tout** le monde — **tous** les jours
toute la nuit — **toutes** les fleurs

Notre maison

Nous habitons dans une maison individuelle. Notre maison a un rez-de-chaussée, un étage, une cave et un grenier. Elle a un balcon aussi. Devant la maison, il y a un jardin, de beaux arbres et des fleurs de toutes les couleurs. Nous avons un garage pour la voiture. Il est à côté de la maison.

Au rez-de-chaussée, il y a une salle de séjour avec une cheminée. Et il y a une salle à manger avec une table, six chaises et un buffet. Nous mettons des assiettes, des verres, des cuillers, des fourchettes et des couteaux dans le buffet. Notre cuisine n'est pas grande, mais elle est claire ; il y a un frigidaire, une cuisinière électrique et des placards.

Au premier étage, il y a quatre chambres à coucher. Je passe la nuit dans ma chambre à coucher. Elle n'est pas grande, mais j'ai un bon lit, une table de nuit, une armoire et un fauteuil. Par la fenêtre de ma chambre, je vois le jardin. Près de ma chambre il y a une salle de bains avec une baignoire et un lavabo. Chaque matin, je prends un bain.

EXERCICES

I. Mettez à la 3e personne du singulier et à la 1re personne du pluriel :

1. Je monte l'escalier.
2. Je suis dans la classe.
3. J'ai un bon professeur.
4. Je finis ma dictée.
5. Je fais mon exercice.
6. Je ferme mon cahier.
7. J'ouvre mon livre.

II. Conjuguez aux trois formes (affirmative, négative et interrogative) :

1. voir une image
2. entendre la leçon
3. attendre le professeur

III. Répondez :

1. Est-ce que la maison a un balcon ?
2. Qu'est-ce qu'il y a devant la maison ?
3. Y a-t-il un garage ?
4. Est-ce que la cuisine est grande ?
5. Combien de chambres y a-t-il au premier étage ?

Colmar
(Haut-Rhin) La Petite Venise

Leçon 9

GRAMMAIRE

I. L'adjectif démonstratif

Masc. singulier	Fém. singulier	Masc. et Fém. pluriel
ce (cet)	**cette**	**ces**

ce livre, **cette** table → **ces** livres, **ces** tables
cet étudiant, **cette** étudiante → **ces** étudiants, **ces** étudiantes

On distingue deux choses, séparées dans l'espace.
ce livre-**ci** ce livre-**là**
ces arbres-**ci** ces arbres-**là**

ATTENTION ! **CE → CET**
a ...
e ...
i ...
o ...
u ...
h (muet)...
Cet oiseau

II. Le passé composé avec *avoir*

Aujourd'hui, je commence la leçon 9 (présent).
Hier, **j'ai commencé** et **j'ai fini** la leçon 8 (passé composé).

Le passé composé du verbe *commencer* :
le présent du verbe *avoir* + le participe passé du verbe *commencer*

Forme affirmative	**Attention !** Passé composé de :	
J'ai commencé	être	: j'ai **été**
Tu **as commencé**	avoir	: j'ai **eu**
Il(elle) **a commencé**	faire	: j'ai **fait**

Nous **avons commencé**	voir : j'ai **vu**
Vous **avez commencé**	entendre : j'ai **entendu**
Ils(elles) **ont commencé**	ouvrir : j'ai **ouvert**
1er groupe(- ER)... participe en **é** : j'ai commencé	prendre : j'ai **pris**
2e groupe(- IR)... participe en **i** : j'ai fini	mettre : j'ai **mis**

Forme négative	Forme interrogative
Je **n'**ai **pas** commencé.	Ai-**je** commencé ?
Tu **n'**as **pas** commencé.	As-**tu** commencé ?
Il(elle) **n'**a **pas** commencé.	A-t-**il**(a-t-**elle**) commencé ?
Nous **n'**avons **pas** commencé.	Avons-**nous** commencé ?
Vous **n'**avez **pas** commencé.	Avez-**vous** commencé ?
Ils(elles) **n'**ont **pas** commencé.	Ont-**ils**(ont-**elles**) commencé ?

La vie quotidienne d'un étudiant

Ce matin, le cours de français a commencé à 10 heures. Comme d'habitude, le professeur a posé des questions sur la leçon dernière. Ensuite, il a expliqué le passé composé du verbe français et les mots importants avec quelques expressions.

J'ai étudié le français toute la matinée. J'ai déjeuné au restaurant universitaire avec mes amis. Et j'ai passé l'après-midi à la bibliothèque. Là, il y a eu beaucoup d'étudiants.

Devant la porte de ma maison, j'ai sonné. J'ai attendu quelques minutes. Ensuite, ma sœur a ouvert la porte. Dans la cuisine ma mère a déjà préparé le dîner. Mon père, ma mère, ma sœur et moi, nous avons dîné ensemble.

Le soir, j'ai fait mes devoirs et j'ai regardé la télévision. Ce n'est pas une vie passionnante, mais c'est la vie quotidienne d'un étudiant.

• Quelle heure est-il ?

Il est neuf heures.

Il est trois heures et quart.

(= Il est trois heures quinze.)

Il est sept heures moins le quart.

(= Il est six heures quarante cinq.)

Il est midi.

Il est onze heures dix.

Il est cinq heures et demie.

(= Il est cinq heures trente.)

Il est deux heures moins dix.

(= Il est une heure cinquante.)

Il est minuit.

L. EXERCICES

I. Conjuguez au présent et au passé compose :

1. dire bonjour
2. ouvrir la porte

II. Mettez les phrases suivantes au passé composé :

1. Je mange des pommes. (Hier, ______________)
2. Elle finit ses exercices avant le dîner.
3. Tu parles avec tes amis.
4. Il quitte la maison à 8 heures.
5. Ils choisissent un programme.
6. Nous dînons à 19 heures.

III. Répondez aux questions :

1. Avez-vous des parents ?
2. Quel âge a votre père ?
3. Avez-vous des frères ?
4. Combien de sœurs avez-vous ?

IV. Mettez la forme correcte du verbe *voir* :

1. Je ne ___________ pas sans mes lunettes.
2. Vous ___________ cette étoile dans le ciel ?
3. Les chats ___________ la nuit.
4. Nous ___________ quelquefois des films intéressants à la télé.

Leçon 10

GRAMMAIRE

I. Le passé composé avec *être*

Je suis **arrivé** hier : **présent de *être* + participe passé**

Je suis **arrivé**	Nous **sommes arrivés**	Elle est arrivée : le participe passé avec *être* s'accorde comme un adjectif.
Tu es **arrivé**	Vous **êtes arrivés**	
Il est **arrivé**	Ils **sont arrivés**	
Elle **est arrivée**	Elles **sont arrivées**	

Entrer : Je **suis entré**. **Sortir** : Je **suis sorti**. **Monter** : Je **suis monté**.
Descendre : Je **suis descendu**. **Tomber** : Je **suis tombé**.
Aller : Je **suis allé**.

II. L'article partitif et la négation

Masc. : **du**		Je mange **du** pain.
Fém. : **de la**	= (un peu de) ...	Je mange **de la** viande.
Masc. et Fém. : **de l'**		Je bois **de l'**eau.

Il fait **du** soleil.	Il ne fait pas **de** soleil.
Il y a **de** la bière.	Il n'y a pas **de** bière.
Tu as **de** l'ambition.	Tu n'as pas **d'**ambition.

L'arrivée de mon ami coréen

Je suis allé à l'aéroport de Charles de Gaulle cet après-midi pour accueillir mon ami coréen Su-Min. Il habite à Séoul depuis longtemps. Aujourd'hui, il arrive à Paris avec ses parents.

Son avion est arrivé avec un peu de retard. Alors, j'ai regardé parfois l'heure d'arrivée de son vol. Enfin, on a annoncé par le haut-parleur : «*Vol Korean Air Lines 901* en provenance de Séoul, arrivée porte N° 22».

Je suis allé à la porte N° 22 et j'ai attendu. Mon ami est sorti le premier.

- Bonjour Su-Min ! Comment vas-tu ?
- Très bien, et toi ?
- Je vais bien, merci !

Nous sommes sortis de l'aéroport et nous avons pris un taxi. Su-Min est venu chez moi avec ses parents. Ils sont venus en France pour passer leurs vacances.

- Pierre ! J'ai apporté quelques cadeaux pour ta famille.
- Ah, c'est très chic ! Tu es gentil. Merci beaucoup, Su-Min !

Le repas français

Comment mangent les Français le matin ? D'habitude, ils prennent seulement du café au lait ou du thé au lait dans un grand bol avec des croissants ou des tartines. Ah ! les croissants chauds du matin ! Ils sentent très bon ! On ne sert généralement ni œufs, ni jambon le matin.

À midi, beaucoup de Parisiens n'ont pas le temps de rentrer à la maison et préfèrent manger dans les restaurants ou les cafés près de leur bureau. Mais dans les villages et à la campagne, le déjeuner est un gros repas : on mange des hors-d'œuvre variés, de la viande ou du poisson, des légumes, du fromage, des fruits ou un dessert ; on boit du vin, de la bière, ou de l'eau, mais jamais du lait avec les repas.

Au dîner, il y a souvent de la soupe ou du potage à la place des hors-d'œuvre. Les Français ne mangent pas beaucoup le soir.

Au goûter, beaucoup de Français ne prennent rien, mais les enfants mangent du pain et du chocolat, ou du pain et du beurre, ou du pain et de la confiture.

EXERCICES

I. Écrivez au passé composé :

1. J'arrive à l'école à neuf heures.
2. J'entre en classe.
3. Je dis bonjour au professeur.
4. Je mets mes livres et mes cahiers sur la table.
5. J'étudie le français jusqu'à midi.

II. Mettez l'article partitif :

1. Elle prépare ___________ salade.
2. Il choisit ___________ café.
3. Vous avez ___________ patience.
4. Il y a ___________ eau dans la mer.
5. Tu choisis ___________ chocolat ?
6. Vous avez ___________ énergie.

III. Mettez les phrases à la forme négative :

1. Vous avez des fleurs dans votre jardin.
2. Il y a des nuages dans le ciel.
3. Il fait du soleil.
4. Je mange des bonbons.
5. Nous aimons l'eau.
6. C'est un vent violent.
7. Tu as une petite amie ?
8. Vous avez de l'argent à la banque.

IV. Mettez les verbes entre parenthèses : a) au présent ; b) au passé composé :

1. Nous (prendre) notre petit déjeuner à 8 heures du matin.
2. Nous (boire) du café au lait et (manger) du pain et du beurre.
3. Ensuite nous (sortir) et nous (aller) à l'école.
4. À midi nous (revenir).
5. Nous (mettre) le couvert dans la salle à manger.
6. Nous (déjeuner).
7. Nous (dîner) à sept heures du soir.

V. Répondez par écrit :

1. Que prenez-vous pour votre petit déjeuner ?
2. À quelle heure déjeunez-vous ?
3. Mangez-vous de la viande ?
4. Buvez-vous de la bière ?
5. Mettez-vous du sucre dans votre café ?
6. À quelle heure dînez-vous ?
7. Où prenez-vous vos repas ?

Leçon 11

GRAMMAIRE

I. Le futur (de l'indicatif)

On écrit : INFINITIF + AI, AS, A, ONS, EZ, ONT

1er groupe	2e groupe	Futur du verbe *être* :	
Je commencer**ai**	Je finir**ai**	Je ser**ai**	Nous ser**ons**
Tu commencer**as**	Tu finir**as**	Tu ser**as**	Vous ser**ez**
Il(elle) commencer**a**	Il(elle) finir**a**	Il ser**a**	Ils ser**ont**
Nous commencer**ons**	Nous finir**ons**	**Futur du verbe *avoir* :**	
Vous commencer**ez**	Vous finir**ez**	J'aur**ai**	Nous aur**ons**
Ils(elles) commencer**ont**	Ils(elles) finir**ont**	Tu aur**as**	Vous aur**ez**
		Il aur**a**	Ils aur**ont**

Forme négative : Je **ne** commencerai **pas**.

Forme interrogative : Commencerai-**je** ?

II. Les futurs irréguliers

Quelques verbes en IR : **IR + AI...**	Quelques verbes en RE : **R + AI...**	**Attention !**
Ouvrir : J'ouvr**irai**	Boire : Je boi**rai**	Aller : J'**irai**
Partir : Je part**irai**	Dire : Je di**rai**	Faire : Je **ferai**
Servir : Je serv**irai**	Entendre : J'entend**rai**	Venir : Je **viendrai**
Sortir : Je sort**irai**	Mettre : Je mett**rai**	Voir : Je **verrai**
	Prendre : Je prend**rai**	Recevoir : Je **recevrai**

La profession

Quel âge avez-vous ? Dix-neuf ans ou vingt ans ? Dans trois ou quatre ans, vous finirez vos études à l'université, et vous recevrez votre diplôme final. Qu'est-ce que vous ferez, ensuite ? Dans quel domaine est-ce que vous voulez travailler ?

Pour beaucoup de jeunes gens, le choix d'une profession est un problème difficile, à cause de l'embouteillage de certains domaines, à cause de la crise économique, et aussi parce que votre vie future dépend de ce choix : si vous êtes mal orienté, vous ne serez pas heureux dans votre vie professionnelle, et vous ne serez pas une personne heureuse.

Qu'est-ce que vous ferez plus tard ? Est-ce que vous serez journaliste, ingénieur, avocat, médecin, architecte ? Et vous mademoiselle, vous serez présentatrice à la télé, actrice, chanteuse, hôtesse de l'air ? Enfin, votre choix sera très important dans votre vie.

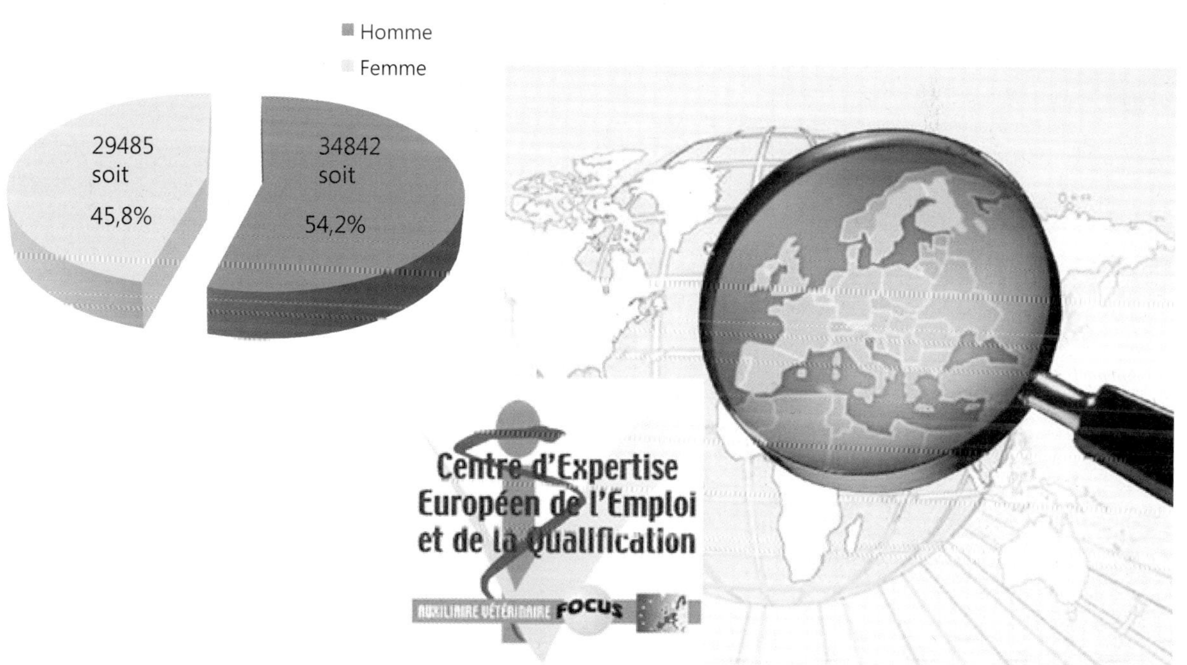

4. EXERCICES

I. Mettez les verbes : a) au présent ; b) au passé composé :

1. Ces étudiants (avoir) un bon professeur.
2. Vous (partir) pour Rome.
3. La petite fille (manger) du pain.
4. Nous (commencer) la leçon à huit heures.
5. Tu (finir) la dictée.
6. Je (regarder) les images.
7. Ils (être) dans la classe.

II. Répétez au futur :

1. Je vais à l'université.
2. Tu parles au directeur.
3. Elle est charmante.
4. Nous n'avons pas de questions.
5. Il reste chez lui.
6. Vous faites du bon travail.
7. Je viens au restaurant en retard.

III. Mettez les verbes au futur (forme négative) :

1. Pierre (mettre) ces vêtements.
2. Je (prendre) un mouchoir.
3. Nous (attendre) le professeur.
4. Vous (faire) un voyage.
5. Elle (voir) des bateaux.

Les falaises d'Etretat
(Seine-Maritime)

Leçon 12

GRAMMAIRE

I. Le futur proche

Je sortirai demain - mais : Je **vais sortir** dans une minute.

Le FUTUR PROCHE = le présent de ALLER + l'INFINITIF

Je **vais** sortir	Nous **allons** sortir
Tu **vas** sortir	Vous **allez** sortir
Il(elle) **va** sortir	Ils(elles) **vont** sortir

(Je **ne** vais **pas** sortir - Vais-**je** sortir ?)

II. Le passé récent

Je suis sorti hier - mais : Je **viens de sortir**, il y a une minute

LE PASSÉ RÉCENT = le présent de VENIR + **de** + l'INFINITIF

Je **viens de** sortir	Nous **venons de** sortir
Tu **viens de** sortir	Vous **venez de** sortir
Il(elle) **vient de** sortir	Ils(elles) **viennent de** sortir

III. L'impératif

1° Verbes du 1er groupe
Impératif = indicatif présent
(sans **s** à la 2e personne du singulier)
(Tu parles) **Parle** ! Ne **parle** pas !
(Nous parlons) **Parlons** ! Ne **parlons** pas !
(Vous parlez) **Parlez** ! Ne **parlez** pas !

2° Verbes des autres groupes
Impératif = indicatif présent
Finir : **Finis, finissons, finissez**
(ne **finis** pas)
Voir : **Vois, voyons, voyez**
Tenir : **Tiens, tenons, tenez**
Dire : **Dis, disons, dites**
Faire : **Fais, faisons, faites**

ATTENTION ! Être : **Sois, soyons, soyez**
Avoir : **Aie, ayons, ayez**
Aller : **Va, allons, allez**

La lettre de M. An

M. An dit à sa femme : «Ma chérie, je viens d'écrire une lettre à nos amis français pour annoncer notre arrivée. Voici ma lettre.»

Mme An prend la lettre et lit :

«Chers amis, je vous annonce une grande nouvelle : dans quinze jours nous arriverons à Paris. Je resterai là avec ma femme pour une semaine. Réservez une chambre double dans un hôtel, s'il vous plaît. Nous serons heureux de vous revoir. Je vais vous envoyer un mél pour préciser le jour et l'heure de notre arrivée. À bientôt !

Bien amicalement, An.»

«Je vais porter cette lettre à la poste. Elle partira ce soir par avion.

- Et les passeports, demande Mme An, et les visas ?

- Nous aurons les passeports demain, répond M. An. Les visas ne sont pas nécessaires. Je viens de réserver les billets d'avion d'Air France. Tout va bien.»

EXERCICES

I. Mettez les phrases suivantes :
a) au présent ; b) au passé composé ; c) au passé récent :

1. Les étudiants (écouter) la leçon de français.
2. Nous (boire) un verre d'eau.
3. Tu (entendre) la radio.
4. Mon père (partir) de la maison.
5. Vous (mettre) votre chapeau gris.
6. Je (faire) l'exercice n°1.
7. Il (télégraphier) à son ami.

II. Mettez les verbes :
a) au présent ; b) au futur ; c) au futur proche ; d) au passé composé :

1. Ma mère (mettre) le linge dans son armoire.
2. Les Vincent (partir) en voyage.
3. Tu (aller) à l'école.
4. Mes frères (apprendre) le français.
5. Vous (voir) Paris.
6. Vous (rentrer) du Caire.

III. Mettez à l'impératif :
a) forme affirmative ; b) forme négative :

1. Nous montons dans le taxi.
2. Vous passez devant l'église.
3. Tu regardes la tour Eiffel.
4. Vous faites un voyage.
5. Vous dites votre nom.
6. Tu vas en France.

Leçon 13

GRAMMAIRE

I. Le verbe pronominal : se laver

M. Vincent se lave. = M. Vincent lave M. Vincent.

1. présent

Je me lave	Je ne me lave pas	Est-ce que je me lave ?
Tu te laves	Tu ne te laves pas	Te laves-tu ?
Il se lave	Il ne se lave pas	Se lave-t-il ?
Elle se lave	Elle ne se lave pas	Se lave-t-elle ?
Nous nous lavons	Nous ne nous lavons pas	Nous lavons-nous ?
Vous vous lavez	Vous ne vous lavez pas	Vous lavez-vous ?
Ils se lavent	Ils ne se lavent pas	Se lavent-ils ?
Elles se lavent	Elles ne se lavent pas	Se lavent-elles ?

2. Le passé composé

le présent du verbe ÊTRE + le participe passé

Je	me	suis	lavé	Nous	nous	sommes	lavés
Tu	t'	es	lavé	Vous	vous	êtes	lavés
Il	s'	est	lavé	Ils	se	sont	lavés
Elle	s'	est	lavée	Elles	se	sont	lavées

3. L'impératif

Lave-toi.	Ne te lave pas.
Lavons-nous.	Ne nous lavons pas.
Lavez-vous.	Ne vous lavez pas.

• **Réfléchis** : se lever, se promener, se laver, etc.
Ils se lèvent pour saluer le professeur.
Elles se promènent dans la rue.

• **Réciproques** : se regarder, s'aimer, se téléphoner, etc.

Paul et Robert se regardent (mutuellement).
Ils s'aiment beaucoup.

- **Passifs** : se voir, se vendre, etc.
  La maison se voit de loin.
  Ces livres se vendent cher.
- **Simplement pronominaux** : se souvenir, s'écrier, se mettre, etc.
  Je me souviens de mon enfance.
  Ils se mettent à travailler.

II. Les changements orthographiques

Appeler			Jeter		
J'	appelle		Je	jette	
Tu	appelles	Appelle !	Tu	jettes	Jette !
Il	appelle		Il	jette	
Nous	appelons	Appelons !	Nous	jetons	Jetons !
Vous	appelez	Appelez !	Vous	jetez	Jetez !
Ils	appellent		Ils	jettent	

Pierre se lève tard ce matin.

Pierre se réveille tous les matins à sept heures. Mais ce matin, il ne se lève pas tout de suite, car il est un peu fatigué et il a encore sommeil. Dans son lit il se frotte les yeux, s'étire, et au bout d'un quart d'heure il quitte son lit.

En pyjama il entre dans la salle de bains. Il prend la brosse à dents et la pâte dentifrice ; il se brosse les dents avec soin. Il se savonne, il se lave avec de l'eau chaude, il s'essuie avec une serviette de toilette. Puis il se rase avec son rasoir électrique, il se regarde dans le miroir, il se peigne les cheveux.

Madame Vincent appelle son fils.

«Pierre, dépêche-toi ! Tu vas être en retard.» Il revient vite dans sa chambre. Là, il se chaussera et s'habillera. Il se dépêchera pour arriver à l'heure à l'université.

▙ EXERCICES

I. Mettez les verbes suivants au présent, première personne du pluriel :

1. (se réveiller) à 7 heures.
2. (se lever) aussitôt.
3. (entrer) dans la salle de bains.
4. (faire) sa toilette.
5. (se savonner) avec un bon savon.
6. (se laver) avec de l'eau chaude.
7. (s'essuyer) avec une serviette de toilette.

II. Mettez les verbes suivants au passé composé :

Le matin je me lève ( ). Je fais ( ) ma toilette, je me savonne ( ), je me lave ( ), je m'essuie ( ), je me peigne ( ).
Ensuite, je me chausse ( ) et je m'habille ( ).
Je vais ( ) dans la salle à manger. Je dis ( ) bonjour à mes parents.

III. Répondez aux questions :

1. À quelle heure vous levez-vous ?
2. Et vos parents ?
3. À quelle heure êtes-vous prêt à partir pour l'université ?
4. Vous rasez-vous tous les matins ?
5. Où faites-vous votre toilette ?
6. Avec quoi vous lavez-vous ?

Leçon 14

GRAMMAIRE

I. Les pronoms personnels (objet direct)

	1ère personne	2ème personne	3ème personne
Singulier	me (moi)	te (toi)	le, la
Pluriel	nous	vous	les

1. Dans l'affirmatif

Mes parents **m'**aiment.
Il **t'**attend.
Regardez-vous la Tour Eiffel ? - Oui, je **la** regarde.
J'entends le bus. Je **l'**entends.
J'aime la musique. Je **l'**aime.
Où sont vos frères ? **Les** voilà.

2. Dans l'intérrogatif

Les voyez-vous ?
Ne **les** voyez-vous pas ?
Est-ce que vous **les** voyez ?
Est-ce que vous ne **les** voyez pas ?

3. Dans l'impératif

Voilà Henri. Appelez-**le**.
Lève-**toi**.
Regardez-**moi**.
Paul n'est pas là. Ne **le** cherchez pas.

II. Les pronoms relatifs

1. Le pronom relatif sujet : QUI

Ils saluent le professeur **qui** entre dans la classe.

(= Ils saluent **le professeur** ; **le professeur** entre dans la classe.)

J'aime les fleurs **qui** poussent dans le jardin.

(= J'aime **les fleurs** ; **les fleurs** poussent dans le jardin.)

2. Le pronom relatif objet : QUE

Voici mes parents **que** j'aime.

(= Voici **mes parents** ; j'aime **mes parents**.)

Le chapeau **que** tu achètes va avec ta robe.

(= **Le chapeau** va avec ta robe ; tu achètes **le chapeau**.)

L'appartement des Vincent

Les Vincent habitent dans leur appartement depuis huit jours. Voulez-vous le visiter ? C'est un beau immeuble de douze étages qui se trouve au bord de la Seine.

Nous demandons à la concierge : «M. Vincent, s'il vous plaît ?

- Au sixième à gauche ; vous pouvez prendre l'ascenseur.»

Nous entrons dans un vestibule. À droite, il y a le salon et la salle à manger ; à gauche, le cabinet de travail de M. Vincent, puis la chambre de Pierre que le soleil éclaire toute la journée. Un couloir nous conduit à la chambre des parents et à la salle de bains. Au bout de l'appartement, il y a la cuisine.

La salle de séjour donne sur le quai ; là-bas, en face, c'est le Louvre. La salle de séjour a une haute cheminée de marbre blanc. Elle est pleine de meubles anciens. Des portraits de famille sont accrochés aux murs. Les enfants les regardent et rient.

Le soir, cette vieille salle de séjour est très belle, quand le lustre brille de mille lumières.

EXERCICES

I. Mettez le pronom objet direct à la place du nom entre parenthèses :

1. Il trouve (ses chaussures).
2. Elle met (sa robe).
3. Nous faisons (notre toilette).
4. Vous prenez (l'autobus).
5. Je punis (mes enfants).
6. Vous aimez (les hippies).

II. Répétez les phrases à l'impératif. Mettez un pronom à la place du nom :

1. Tu manges le bonbon.
2. Vous regardez ce programme.
3. Nous prenons les oranges.
4. Tu achètes ce gros bifteck.
5. Vous cherchez vos lunettes.
6. Nous apprenons la leçon 14.

III. Mettez les pronoms relatifs *qui*, *que* :

1. Les fleurs ____________ vous choisissez sont belles.
2. Regardez la maison ____________ est près de l'école.
3. Les livres ____________ ils achètent sont chers.
4. Quelle est la leçon ____________ vous étudiez aujourd'hui ?
5. Qui est cette fille ____________ chante ?
6. Voici le livre ____________ vous cherchez.

IV. Refaites les phrases avec *qui*. Attention ! Changez l'ordre des mots, parce que *qui* est inséparable de son antécédent :

Ex : Le journal a un article intéressant. Il est sur la table.
→ Le journal qui est sur la table a un article intéressant.

1. Les nouvelles sont intéressantes. Elles sont dans le journal.
2. Les étudiants ont de bonnes notes. Ils vont à la bibliothèque tous les jours.
3. Les gens ont de la chance. Ils habitent à la campagne.
4. Les jeunes filles sont élégantes. Elles achètent leurs robes chez Courrèges.
5. Les fleurs sont jolies. Elles poussent dans mon jardin.

V. Refaites les phrases avec *que* :

1. Prenez ce vin ; j'aime ce vin.
2. Qui est ce monsieur ? ; vous saluez le monsieur.
3. Achetez le sac brun ; vous aimez le sac brun.

Leçon 15

GRAMMAIRE

I. Les pronoms personnels (Objet indirect)

	1ère personne	2ème personne	3ème personne
Singulier	me (moi)	te (toi)	lui
Pluriel	nous	vous	leur

Elle me parle.
Il te téléphone.
Je donne une rose **à mon frère**. = Je **lui** donne une rose.
Je donne une rose **à ma sœur**. = Je **lui** donne une rose.
à mes frères. = **leur**
à mes sœurs. = **leur**

II. La place des pronoms personnels

Sujet	ne	objet ind.	objet dir.	objet ind.	verbe	pas
Il	(ne)	me	le,la,les		donne	(pas).
Il	(ne)	te	le,la,les		donne	(pas).
Il	(ne)		le,la,les	lui	donne	(pas).
Il	(ne)	nous	le,la,les		donne	(pas).
Il	(ne)	vous	le,la,les		donne	(pas).
Il	(ne)		le,la,les	leur	donne	(pas).

Il **me** donne **le livre**. → Il **me le** donne.
Elle envoie **la lettre à son père**. → Elle **la lui** envoie.
Il ne **me le** donne pas. Ne **la lui** envoyez pas.
Donne-**le-moi**. Envoyez-**la-leur**.

III. Le pronom neutre : EN

J'achète les livres. = Je les achète.
Je mange **des fruits**. = J'**en** mange.
Elle a assez **de fleurs**. = Elle **en** a assez.
N.B. Tu me donnes des fleurs. → Tu **m'en** donnes.
Donne-m'en. **Ne m'en donne pas**.

Le cabinet de travail et la salle à manger

M. Vincent est très content de son cabinet de travail. C'est une pièce silencieuse, car elle donne sur la cour. Deux grandes fenêtres l'éclairent. Elle sera un peu chaude en été. Mais en hiver, M. Vincent n'aura pas froid ; les radiateurs du chauffage central lui donneront une bonne chaleur.

Sur le bureau, M. Vincent a mis un ordinateur. La bibliothèque est pleine d'anciens livres français : ce sont les œuvres de Corneille, Molière, Rousseau, Victor Hugo, Balzac, etc.

Maintenant, il envoie une carte à son ami. Il va lui envoyer aussi un cadeau pour fêter l'anniversaire de son ami.

Dans la salle à manger, de beaux tableaux décorent les murs ; ils représentent des paysages français. Dans un buffet il y a des assiettes, des verres, des bols et des couverts. La cuisine n'est pas si grande, mais elle est très claire.

Il y a un four et une cuisinière électrique qui sont très utiles à Mme Vincent pour préparer de bons repas à son mari et à ses enfants. Elle leur servira de bons plats français.

4. EXERCICES

I. Répétez avec le pronom objet indirect qui correspond à la personne entre parenthèses :

1. Votre enfant ____________ parle en français ? (vous)
2. Il ____________ dit bonjour. (tu)
3. Elle ____________ envoie des fleurs. (à sa mère)
4. Vous ____________ écrivez. (à vos parents)
5. Ce chien ____________ obéit. (à son maître)
6. L'étudiant ____________ demande la permission de sortir. (je)
7. Vous ____________ donnez votre composition. (au professeur)

II. Remplacez les mots entre parenthèses par des pronoms :

1. (L'heure)	(à Jacqueline)	Il ____________ demande.
2. (Des bonbons)	(aux enfants)	Je ____________ donnerai.
3. (Le cahier)	(je)	Tu ____________ donnes.
4. (Les journaux)	(nous)	Vous ____________ demandez.
5. (Cette question)	(à son père)	Vous ____________ répétez.
6. (De l'argent)	(nous)	On ____________ vole.

III. Répétez la phrase (a) à la forme négative, et (b) à l'impératif négatif :

1. Vous les leur montrez.
2. Tu la lui donnes.
3. Tu me la prêtes.

IV. Mettez à la 2e personne du singulier de l'impératif :

1. Tu m'attends.
2. Tu l'appelles.
3. Tu me donnes un livre.

4. Tu lui réponds.
5. Tu leur ouvres la porte.
6. Tu nous dis bonjour.

V. Remplacez les mots entre parenthèses par le pronom *en* :

1. Les femmes achètent (des pêches).
2. Choisissez (des robes).
3. Elle met (des bananes) dans son panier.
4. Il n'y a pas (de viande).
5. Elles ne prennent pas (de jambon).
6. Nous n'avons pas assez (de légumes).

Leçon 16

GRAMMAIRE

I. Les pronoms personnels accentués

Singulier		Pluriel	
Je Tu Il Elle	moi toi lui elle	Nous Vous Ils Elles	nous vous eux elles
	On, chacun	soi	

Moi, je préfère partir tout de suite.
Elle et moi, nous nous entendons bien.
Est-ce vous ? - Oui, c'est moi.
Elle est venue chez moi.
Lave-toi, lavez-vous ; donne-moi un livre.
Son frère est plus grand que lui.
C'est moi qui suis professeur.

II. La comparaison des adjectifs

(+) **plus** + adjectif + **que** : Paul est **plus** grand **que** Robert.
(−) **moins** + adjectif + **que** : Robert est **moins** grand **que** Paul.
(=) **aussi** + adjectif + **que** : Paul est **aussi** grand **que** Louis.
Robert n'est pas **aussi(si)** grand **que** Paul.

ATTENTION ! **Le comparatif *bon* : meilleur**
Le vin est plus bon que l'eau. (x)
Le vin est meilleur que l'eau. (o)

III. Le superlatif

le plus	⟷	le moins	bon	mauvais
la plus	⟷	la moins	meilleur	pire
les plus	⟷	les moins	le meilleur	le pire

Pierre est le plus grand de la classe.
L'hiver est la saison la moins agréable de l'année.
Paul est le meilleur des élèves.
Le livre le plus intéressant
La viande la moins chère

Marie et Jean

Marie est la sœur de Jean. Elle est sympathique. Elle est la plus jeune de sa famille. Elle a seize ans et elle est plus grande que son amie, Amélie qui en a dix-sept.

Jean a vingt ans. Il est plus âgé que sa sœur de quatre ans. Lui, il pèse 56 kilos, et sa sœur pèse 40 kilos. Il est donc plus lourd qu'elle.

Quelquefois il joue au tennis avec sa sœur. Quand il a de l'argent, il l'emmène au cinéma ou lui achète des gâteaux. Il est toujours gentil avec elle.

La meilleure amie de Marie est Amélie. Le jeudi elles vont ensemble à un cours de danse. Marie dit : «Amélie veut devenir danseuse ou mannequin. Moi, je veux devenir vedette de cinéma.»

L. EXERCICES

I. Faites des phrases au comparatif avec les mots suivants :

1. Hélène (jeune +) Pierre.
2. Le journal (épais -) le livre.
3. La tour Eiffel (haut +) les maisons.
4. Le vin (bon +) l'eau.
5. Le professeur (vieux +) les étudiants.
6. La mer (agréable +) la montagne.

II. Faites des phrases avec le superlatif :

1. L'automobile est une voiture rapide.
2. Cette chambre est une pièce claire.
3. M. Vincent est un bon journaliste.
4. Paris est une belle ville.
5. Nous aimons les bons films.

III. Mettez la forme correcte du verbe :

1. Vous (entendre) ____________ le téléphone ?
2. Il (attendre) ____________ sa petite amie.
3. Nous (descendre) ____________ l'escalier.
4. (répondre) ____________ à la question du professeur !
5. Je (perdre) ____________ mon temps.
6. (attendre) ____________ ! J'arrive.
7. Ils (entendre) ____________ la neuvième symphonie à la radio.

Beuvron-en-Auge
(Calvados) Style anglo-normand

Leçon 17

GRAMMAIRE

I. Les pronoms neutres EN, Y, LE (représentent des choses ou des idées).

1. En

Il descend du train. Il **en** descend.

Est-il venu de la ville ? - Oui, il **en** est venu.
(= Il est venu de la ville.)

Êtes-vous content de ce travail ? - Oui, j'**en** suis content.

J'**en** parlerai (= de ce travail).

J'aime beaucoup Paris et j'**en** admire les monuments.
(= J'admire les monuments de Paris.)

Combien de crayons avez-vous ? - J'**en** ai un (deux, plusieurs, beaucoup). (= J'ai un crayon, deux crayons, plusieurs crayons, beaucoup de crayons.)

Cette viande est excellente, mangez-en. (= Mangez de cette viande.)

Avez-vous des fruits ? - Oui, j'en ai. (= j'ai des fruits.)
- Non, je n'en ai pas. (= je n'ai pas de fruits.)

2. Y

Vous allez en France. Vous **y** allez. (= en France)

Le crayon n'est pas sur la table. Il n'**y** est pas. (= sur la table)

Voici un gâteau, n'**y** touche pas. (= à ce gâteau)

Jean pense à son voyage. Jean **y** pense. (= à son voyage)

Pierre pense à son grand-père. Pierre pense **à lui**.

3. Place de *en* et de *y*

Il **en** parle. Il n'**en** parle pas. N'**en** parlez pas. Parlons-**en**.

Il **y** pense. Il n'**y** pense pas. N'**y** pensez pas. Pensez-**y**.

Je **vous en** remercie. Parlez-**nous-en**.

Il **y en** a. Il **nous y** a emmenés.

4. LE

Il pleuvra, je **le** sais. (**le** = cela, qu'il pleuvra)

Êtes-vous **prêts** ? - Oui, nous **le** sommes. (**le** = cela, prêts)

II. Le pronom neutre «il»

Le pronom *il* ne représente pas toujours un nom.

Il pleut.

Il fait chaud.

Il est tôt (tard).

Il y a du brouillard.

Il faut (falloir) partir tout de suite.

Il faut trois heures pour arriver là-bas.

Il est facile de dire, mais difficile de faire.

Ces expressions et ces verbes sont impersonnels.

Faire des courses au supermarché

Mme Vincent réveille Pierre et Marie : «Allez, mes enfants, c'est l'heure de vous lever !» Elle a déjà préparé le petit déjeuner et elle a nettoyé toutes les pièces. Tous les matins, elle a beaucoup de travail à faire comme maîtresse de maison. Et maintenant, il faut aller faire des courses. Mme Vincent préfère aller au supermarché du quartier.

Elle pousse la porte et y entre. D'abord, elle passe devant le rayon d'alimentation. Elle prend des légumes frais, ensuite elle achète de la viande et du poisson. Elle arrive au rayon de fruits. Elle regarde des oranges ; elle en prend 3 kilos et elle en met dans son caddie. Elle y met aussi des pommes et des fraises. Au rayon de crémerie, elle prend des fromages et elle y en met.

Enfin, Mme Vincent passe à la caisse et elle y fait la queue. À son tour, la caissière compte et elle paie ses achats avec une carte de crédit.

L. EXERCICES

I. Remplacez les mots italiques par *en* ou *y* :

1. Avez-vous pris le métro ? Nous sortons *du métro*.
2. Nous avons passé une heure *dans le métro*.
3. Je connais bien Paris ; j'ai habité deux ans *à Paris*.
4. Nous sommes allés au théâtre cet après-midi ; nous avons vu *au théâtre* une très belle pièce.
5. Je suis revenu *de Paris* l'été dernier.

II. Refaites les phrases avec *en* :

1. Est-ce que l'étudiant envoie des fleurs au professeur ?
2. Mon cousin a deux bicyclettes.
3. Vous mangez de la salade.
4. Il y a beaucoup de bateaux dans le port.
5. Parlons de nos voyages.
6. Je suis heureux de ton arrivée.

III. Refaites les phrases avec *y* :

1. Nous allons en France.
2. Vous restez à la maison, ce soir ?
3. Je réponds à cette lettre.
4. Il n'a pas mis son argent à la banque.
5. Ne touche pas à ce livre.

IV. Répondez avec *en* aux questions suivantes :

Ex : A-t-il du café ? - Oui, il *en* a.

1. Avez-vous du sel ?
2. As-tu du travail ?
3. Faites-vous des dictées ?
4. Mangez-vous des légumes ?
5. M. Vincent boit-il du thé ?
6. Mme Vincent achète-t-elle des tomates ?

V. Répondez aux questions par des phrases contenant *le*, pronom neutre :

1. Êtes-vous prête ?
2. Cette visite est-elle intéressante ?
3. Savez-vous qu'ils sont arrivés à Séoul ?
4. Vous pensez qu'il a retrouvé son vieil ami ?

Leçon 18

GRAMMAIRE

L'imparfait de l'indicatif

I. La formation de l'imparfait

a) Prenez la 1ère personne du pluriel du présent :
nous donnons, nous finissons, nous vendons ;

b) Supprimez **-ons** et mettez : **-ais, -ais, -ait, -ions, -iez, -aient**

1er groupe	2ème groupe	3ème groupe
Je donn**ais**	Je finiss**ais**	Je vend**ais**
Tu donn**ais**	Tu finiss**ais**	Tu vend**ais**
Il donn**ait**	Il finiss**ait**	Il vend**ait**
Nous donn**ions**	Nous finiss**ions**	Nous vend**ions**
Vous donn**iez**	Vous finiss**iez**	Vous vend**iez**
Ils donn**aient**	Ils finiss**aient**	Ils vend**aient**

ATTENTION ! Le verbe **être** est irrégulier.

J'**étais**	Nous **étions**
Tu **étais**	Vous **étiez**
Il **était**	Ils **étaient**

II. Les emplois de l'imparfait

a) Une action passée qui dure
Hier soir, je dormais... Soudain, le téléphone a sonné.

b) La répétition ou l'habitude du passé
Hier, Mme Vincent s'est promenée : elle s'arrêtait souvent devant les magasins.

c) Pour décrire un personnage ou un paysage
C'était un petit coin tranquille. Il y avait du soleil, le ciel était bleu et les oiseaux chantaient dans les arbres.
Il était grand et mince. Il portait un costume gris.

Une enquête sur un vol

L'inspecteur Leblanc allume sa pipe et commence à poser des questions :

- Alors, qu'est-ce que vous avez vu ?
- Eh bien, hier matin, à 9 heures, je suis allé à ma banque pour retirer de l'argent. Je faisais la queue au guichet.
- Il y avait beaucoup de monde ?
- Oui, il y avait cinq personnes devant moi.
- Est-ce que vous avez remarqué quelque chose de suspect ?
- Oui, euh, juste devant moi, il y avait un homme...
- Comment était-il ?
- Grand, brun, les cheveux frisés.
- Comment était-il habillé ?
- Il portait un jean et un pull-over marron.
- Et alors ? Qu'est-ce qui était suspect ?
- Eh bien, il avait l'air très nerveux. Il regardait souvent vers la porte d'entrée.
- Bien, et qu'est-ce qui s'est passé ?
- Soudain, un autre homme est entré et...
- Comment était-il ?
- Euh, eh bien il était plutôt de taille moyenne, roux, les cheveux raides... Il avait l'air très jeune. Ah ! Et il portait des lunettes.
- Et, à ce moment-là, qu'est-ce qui s'est passé ?
- L'homme qui était devant moi a sorti un revolver de sa poche et il a crié «Haut les mains ! C'est un hold-up.»
- Alors, qu'est-ce que vous avez fait ?
- Moi ? Rien ! J'ai levé les bras comme tout le monde.

EXERCICES

I. Répétez les phrases à l'imparfait :

Ex : Aujourd'hui, il fait froid. → Hier, il faisait froid.

1. Le ciel est gris. Hier...
2. Il pleut.
3. Pierre est fatigué.
4. Il ne peut pas travailler.
5. Je veux dormir.
6. Ça va très mal.

II. Mettez à l'imparfait les verbes entre parenthèses :

Hier matin, Hélène a joué avec sa poupée dans sa chambre.

1. Elle la (prendre) dans ses bras.
2. Elle la (bercer).
3. Puis elle la (mettre) dans son lit.
4. Elle la (couvrir) avec le drap.
5. Elle la (asseoir) sur une petite chaise.

III. Répétez les phrases avec un passé composé pour le premier verbe, un imparfait pour le deuxième verbe :

1. Pierre rencontre à la soirée une jeune fille qu'il ne connaît pas.
2. Nous mangeons des huîtres qui ne sont pas fraîches.
3. Ma mère achète des gants qui coûtent 30€.
4. Je ne trouve pas les chaussures que je cherche.
5. Mon petit frère casse le vase que je préfère.

IV. Complétez les phrases suivantes. Mettez le premier verbe au passé composé ; le deuxième à l'imparfait :

1. Quand Mme Vincent (rentrer), les enfants (jouer) dans le couloir.
2. Quand le facteur (venir), tu (travailler) dans ton bureau.
3. Quand je (rentrer), mon mari ne (être) pas là.
4. Quand nous (arriver), vous ne (être) pas là.
5. Pierre, quand je te (appeler), qu'est-ce que tu (faire) ?

Leçon 19

GRAMMAIRE

I. Les adverbes de manière

1. Les adverbes en -ment

a) On les forme avec certains adjectifs féminins + **-ment** :
lourd, lourde, **lourdement** ; vif, vive, **vivement** ;
heureux, heureuse, **heureusement** ;
facile (m., f.), **facilement**, rapide (m., f.), **rapidement**

Attention : les adjectifs qui ont une voyelle avant le **e** au féminin perdent ce **e**.

vraie : **vraiment** polie : **poliment**

b) Les adjectifs en **-ant** donnent des adverbes en **-amment** (pron. : a-man) : savant, **savamment**
Les adjectifs en **-ent** donnent des adverbes en **-emment** (pron. : a-man) : prudent, **prudemment**

ATTENTION ! précis, **précisément** (avec **é**)
énorme, **énormément**
gentille, **gentiment**

2. Les adverbes non terminés en -ment

Adverbes proprement dits		Adjectifs pris comme adverbes	
	tard	(chanter) faux,	(parler) fort
bien	tôt	(chanter) juste,	(voir) clair
mal	vite	(parler) haut,	(payer) cher
	volontiers	(parler) bas,	(sentir) bon

II. La place des adverbes

L'adverbe de manière se place généralement après le verbe :

Il travaille lentement. - Il a travaillé lentement.

Cependant, *bien* et *mal* se placent d'ordinaire immédiatement avant l'infinitif et, dans un temps composé immédiatement avant le participe :

Il travaille *bien*. - Nous devons *bien* travailler. - Il n'a pas *bien* travaillé.

III. Les degrés des adverbes

Comparatif	Superlatif absolu	Superlatif relatif
(+) **plus** lentement	**très** lentement	(+) **le plus** lentement
(−) **moins** lentement	**très** peu lentement (rare)	(−) **le moins** lentement
(=) **aussi** lentement		

ATTENTION ! aux degrés de **bien** :

mieux, moins bien, aussi bien - très bien, le mieux, le moins bien

La cérémonie du mariage en France

De toutes les fêtes familiales, le mariage est certainement la plus importante.

En France, la cérémonie du mariage a lieu généralement en deux temps : d'abord la cérémonie civile, c'est-à-dire le mariage à la mairie, puis la cérémonie religieuse, c'est-à-dire le mariage à l'église.

Mais certains couples ne se marient qu'à la mairie et n'ont aucune cérémonie religieuse. Le phénomène est de plus en plus fréquent.

Généralement, la cérémonie religieuse et la cérémonie civile ont lieu le même jour. Mais selon le cas, la cérémonie civile peut se tenir un jour donné, et la cérémonie religieuse le lendemain, ou même deux ou trois jours plus tard. D'habitude, la cérémonie du mariage a lieu soit en fin de matinée entre 10 h et midi, soit l'après-midi vers 16 h ou 17 h.

Selon les milieux, selon les familles, la journée peut s'organiser ainsi :

— la cérémonie a lieu en fin de matinée ; elle est suivie d'un grand repas, à midi, qui se prolonge fort tard dans l'après-midi, on y invite les parents et les amis. Très souvent, après le repas, on danse ;

— la cérémonie a lieu en fin de matinée. À midi, il y a un repas qui ne réunit que les mariés et les très proches parents ou les amis intimes. Puis, en fin d'après-midi un buffet est organisé. Dans ce cas-là, on peut danser aussi ;

— enfin, il peut aussi y avoir un grand repas le soir après la cérémonie religieuse qui a lieu l'après-midi.

EXERCICES

I. Faites un adverbe avec l'adjectif entre parenthèses. Attention à la place de l'adverbe !

1. Il voyage. (rare)
2. Vous parlez. (facile)
3. Cette leçon est difficile. (horrible)
4. Ils étudient. (énorme)
5. Nous marchons dans le parc. (tranquille)
6. C'est une attitude française. (typique)

II. Complétez les phrases suivantes par des adverbes de manière en *-ment* :

Ex : Mon pas est léger ; je marche légèrement.

1. Le coiffeur est adroit ; il travaille ... .
2. Il est vif, il coupe ... les cheveux de Pierre.
3. M. Vincent est calme et tranquille ; il attend son tour ... et ...
4. Pierre est enfin libre ; il va pouvoir remuer ... les bras et les jambes.

III. Mettez les adverbes convenables dans les phrases suivantes :

1. Hélène est légère ; elle ne marche pas ... ; elle marche ... .
2. Les voyageurs marchent ... dans les couloirs.
3. Ne mangez pas vite, mangez ... .
4. Ne sois pas sale ; écris ... .
5. Je vous raconterai mes promenades à Paris, je vous écrirai ... .
6. Ce devoir n'est pas difficile, vous le ferez ... .

IV. Faites les adverbes de manière correspondant aux adjectifs suivants :

1. éloquent	2. étonnant	3. violent
4. fort	5. ardent	6. faux
7. abondant	8. doux	9. brillant

Leçon 20

GRAMMAIRE

I. Les pronoms relatifs

1. Le pronom relatif : dont

C'est un chien **dont** la patte est cassée :
dont (la patte du chien).
Voilà une forêt **dont** j'aime les arbres :
dont (les arbres de la forêt).
Il y a des élèves **dont** je suis content :
dont (je suis content des élèves).
Voici le professeur **dont** je parle :
dont (je parle du professeur).

2. Le pronom relatif : où

le temps : C'est l'heure **où** je vais à l'école.
le lieu : Ils iront au petit lac **où** ils se baigneront.
Voilà la porte par **où** je suis sortie.
Retournez à la ville **d'où** vous venez.

ATTENTION ! Interrogatif : **Où** habitez-vous ?
- J'habite dans cette maison.
Relatif : Voyez cette maison où j'habite.

II. Le passif

Forme passive : Être + le participe passé des verbes transitifs

Les touristes visitent la France.
= La France est visitée par les touristes.

Je suis interrogé par le professeur.
Présent : Je suis interrogé(e)

Passé composé : J'ai été interrogé(e)
Imparfait : J'étais interrogé(e)
Futur : Je serai interrogé(e)

La carte de séjour

Vous êtes étranger ; vous voulez rester quelques mois à Paris : alors vous aurez besoin d'une carte de séjour. Allez à la préfecture de police dont les bureaux sont dans la Cité. Là, vous trouverez beaucoup d'étrangers qui attendent pour demander leurs cartes de séjour.

Enfin, c'est le tour de M. Kim. Il est interrogé par l'employé.

«Avez-vous votre passeport ? Et vos photos d'identité ?»

M. Kim donne son passeport et ses photos.

L'employé lève la tête et demande :

«Où êtes-vous né ? - À Séoul, Corée du Sud.»

Et l'employé écrit :

Nationalité : Coréenne

Profession : journaliste

Domicile : 57, rue de Rivoli

«C'est bien. Présentez-vous à la caisse.»

Maintenant, c'est le tour de Mme Kim.

«Et les enfants ? - Non, les enfants de moins de 16 ans n'ont pas besoin de cartes de séjour.»

Ouf ! C'est fini ! Les Kim emportent leurs cartes et quittent la salle où une foule nombreuse va et vient. Ils traversent la cour carrée, dont la porte donne sur le Marché aux Fleurs. C'est une petite place où l'on vend des fleurs pendant la semaine, et des oiseaux le dimanche.

L. EXERCICES

I. Mettez dans chaque phrase le pronom relatif *dont* :

Ex : Regardez ce chat ; ses moustaches sont très longues
→ Regardez ce chat dont les moustaches sont très longues.

1. Je parle à un employé ; sa figure est aimable.
2. Je regarde cette maison ; ses murs sont très blancs.
3. J'admire Paris ; ses magasins ont de belles vitrines.
4. J'habite dans une maison ; sa porte donne sur le quai de Conti.
5. Dans cette rue il y a des autos ; leur bruit me réveille la nuit.
6. Regardez ces arbres ; leurs fruits sont mûrs.

II. Mettez dans chaque phrase le pronom relatif *dont* :

Ex : Voici mon ami ; le nom de mon ami est Legrand
→ Voici mon ami dont le nom est Legrand.

1. Voici M. Vincent ; les enfants de M. Vincent sont aimables.
2. Voici Pierre ; les cheveux de Pierre sont noirs.
3. Voici Mme Vincent ; la voix de Mme Vincent est très douce.
4. Voici Hélène ; le visage d'Hélène est très beau.
5. Quelle est cette rue ? Je ne connais pas le nom de cette rue.
6. À Paris il y a de beaux magasins ; je regarde les vitrines de ces magasins.
7. Voici ma bibliothèque ; je connais tous les livres de ma bibliothèque.

III. Mettez dans chaque phrase le relatif *où* :

Ex : Va chercher ton père au bureau ; il y travaille
→ Va chercher ton père au bureau où il travaille.

1. Ces étrangers aiment Paris ; ils y viennent depuis longtemps.

2. J'achète tous les jours un journal ; j'y lis les nouvelles intéressantes.
3. Entrez dans cette pâtisserie ; vous y trouverez de bons gâteaux.
4. Ne prends pas le fauteuil ; le chat y dort tranquillement.
5. Allons à la préfecture de police, nous y recevrons nos cartes de séjour.
6. Nos amis Vincent pensent au Canada ; ils y reviendront un jour.

IV. Mettez à la forme passive :

1. M. Duval répare la maison.
2. Jean-Claude a pris une photo.
3. Des montagnes entourent Séoul.
4. Une jetée protégeait le port des tempêtes.
5. Les étudiants aimaient le professeur.
6. L'incendie a détruit beaucoup de maisons.
7. Les soldats entouraient la maison.

V. Mettez à la forme active :

1. Michel est invité par tout le monde.
2. Jean était invité par tout le monde.
3. Pierre sera invité par tout le monde.
4. André n'est pas invité.
5. René n'a pas été invité.
6. Jean sera soigné par un excellent médecin.
7. Les chênes ont été renversés par la tempête.

Tableau des conjugaisons des verbes

Infinitif	Présent	Imparfait	Futur
avoir *ayant* *eu*	j' ai tu as il a n. avons v. avez ils ont	j' avais tu avais il avait n. avions v. aviez ils avaient	j' aurai tu auras il aura n. aurons v. aurez ils auront
être *étant* *été*	je suis tu es il est n. sommes v. êtes ils sont	j' étais tu étais il était n. étions v. étiez ils étaient	je serai tu seras il sera n. serons v. serez ils seront
accueillir *accueillant* *accueilli*	j' accueille tu accueilles il accueille n. accueillons v. accueillez ils accueillent	j' accueillais tu accueillais il accueillait n. accueillions v. accueilliez ils accueillaient	j' accueillerai tu accueilleras il accueillera n. accueillerons v. accueillerez ils accueilleront
acheter *achetant* *acheté*	j' achète tu achètes il achète n. achetons v. achetez ils achètent	j' achetais tu achetais il achetait n. achetions v. achetiez ils achetaient	j' achèterai tu achèteras il achètera n. achèterons v. achèterez ils achèteront
aimer *aimant* *aimé*	j' aime tu aimes il aime n. aimons v. aimez ils aiment	j' aimais tu aimais il aimait n. aimions v. aimiez ils aimaient	j' aimerai tu aimeras il aimera n. aimerons v. aimerez ils aimeront
aller *allant* *allé*	je vais tu vas il va n. allons v. allez ils vont	j' allais tu allais il allait n. allions v. alliez ils allaient	j' irai tu iras il ira n. irons v. irez ils iront
appeler *appelant* *appelé*	j' appelle tu appelles il appelle n. appelons v. appelez ils appellent	j' appelais tu appelais il appelait n. appelions v. appeliez ils appelaient	j' appellerai tu appelleras il appellera n. appellerons v. appellerez ils appelleront

Impératif	Conditionnel Présent	Subjonctif Présent	Verbes de la même Conjugaison
aie ayons ayez	j' aurais tu aurais il aurait n. aurions v. auriez ils auraient	j' aie tu aies il ait n. ayons v. ayez ils aient	
sois soyons soyez	je serais tu serais il serait n. serions v. seriez ils seraient	je sois tu sois il soit n. soyons v. soyez ils soient	
accueille accueillons accueillez	j' accueillerais tu accueillerais il accueillerait n. accueillerions v. accueilleriez ils accueilleraient	j' accueille tu accueilles il accueille n. accueillions v. accueilliez ils accueillent	
achète achetons achetez	j' achèterais tu achèterais il achèterait n. achèterions v. achèteriez ils achèteraient	j' achète tu achètes il achète n. achetions v. achetiez ils achètent	lever mener emmener promener amener
aime aimons aimez	j' aimerais tu aimerais il aimerait n. aimerions v. aimeriez Ils aimeraient	j' aime tu aimes il aime n. aimions v. aimiez ils aiment	
va allons allez	j' irais tu irais il irait n. irions v. iriez ils iraient	j' aille tu ailles il aille n. allions v. alliez ils aillent	
appelle appelons appelez	j' appellerais tu appellerais il appellerait n. appellerions v. appelleriez ils appelleraient	j' appelle tu appelles il appelle n. appelions v. appeliez ils appellent	jeter rappeler

Infinitif	Présent	Imparfait	Futur
asseoir(1) *asseyant* *assis*	j' assieds tu assieds il assied n. asseyons v. asseyez ils asseyent	j' asseyais tu asseyais il asseyait n. asseyions v. asseyiez ils asseyaient	j' assiérai tu assiéras il assiéra n. assiérons v. assiérez ils assiéront
asseoir(2) *ass(e)oyant* *assis*	j' ass(e)ois tu ass(e)ois il ass(e)oit n. ass(e)oyons v. ass(e)oyez ils ass(e)oient	j' ass(e)oyais tu ass(e)oyais il ass(e)oyait n. ass(e)oyions v. ass(e)oyiez ils ass(e)oyaient	j' ass(e)oirai tu ass(e)oiras il ass(e)oira n. ass(e)oirons v. ass(e)oirez ils ass(e)oiront
attendre *attendant* *attendu*	j' attends tu attends il attend n. attendons v. attendez ils attendent	j' attendais tu attendais il attendait n. attendions v. attendiez ils attendaient	j' attendrai tu attendras il attendra n. attendrons v. attendrez ils attendront
battre *battant* *battu*	je bats tu bats il bat n. battons v. battez ils battent	je battais tu battais il battait n. battions v. battiez ils battaient	je battrai tu battras il battra n. battrons v. battrez ils battront
boire *buvant* *bu*	je bois tu bois il boit n. buvons v. buvez ils boivent	je buvais tu buvais il buvait n. buvions v. buviez ils buvaient	je boirai tu boiras il boira n. boirons v. boirez ils boiront
commencer *commençant* *commencé*	je commence tu commences il commence n. commençons v. commencez ils commencent	je commençais tu commençais il commençait n. commencions v. commenciez ils commençaient	je commencerai tu commenceras il commencera n. commencerons v. commencerez ils commenceront
conduire *conduisant* *conduit*	je conduis tu conduis il conduit n. conduisons v. conduisez ils conduisent	je conduisais tu conduisais il conduisait n. conduisions v. conduisiez ils conduisaient	je conduirai tu conduiras il conduira n. conduirons v. conduirez ils conduiront

Impératif	Conditionnel Présent	Subjonctif Présent	Verbes de la même Conjugaison
assieds asseyons asseyez	j' assiérais tu assiérais il assiérait n. assiérions v. assiériez ils assiéraient	j' asseye tu asseyes il asseye n. asseyions v. asseyiez ils asseyent	
ass(e)ois ass(e)oyons ass(e)oyez	j' ass(e)oirais tu ass(e)oirais il ass(e)oirait n. ass(e)oirions v. ass(e)oiriez ils ass(e)oiraient	j' ass(e)oie tu ass(e)oies il ass(e)oie n. ass(e)oyions v. ass(e)oyiez ils ass(e)oient	
attends attendons attendez	j' attendrais tu attendrais il attendrait n. attendrions v. attendriez ils attendraient	j' attende tu attendes il attende n. attendions v. attendiez ils attendent	entendre défendre perdre rendre vendre
bats battons battez	je battrais tu battrais il battrait n. battrions v. battriez ils battraient	je batte tu battes il batte n. battions v. battiez ils battent	combattre
bois buvons buvez	je boirais tu boirais il boirait n. boirions v. boiriez ils boiraient	je boive tu boives il boive n. buvions v. buviez ils boivent	
commence commençons commencez	je commencerais tu commencerais il commencerait n. commencerions v. commenceriez ils commenceraient	je commence tu commences il commence n. commencions v. commenciez ils commencent	placer avancer
conduis conduisons conduisez	je conduirais tu conduirais il conduirait n. conduirions v. conduiriez ils conduiraient	je conduise tu conduises il conduise n. conduisions v. conduisiez ils conduisent	produire construire détruire

Infinitif	Présent	Imparfait	Futur
connaître *connaissant* *connu*	je connais tu connais il connaît n. connaissons v. connaissez ils connaissent	je connaissais tu connaissais il connaissait n. connaissions v. connaissiez ils connaissaient	je connaîtrai tu connaîtras il connaîtra n. connaîtrons v. connaîtrez ils connaîtront
courir *courant* *couru*	je cours tu cours il court n. courons v. courez ils courent	je courais tu courais il courait n. courions v. couriez ils couraient	je courrai tu courras il courra n. courrons v. courrez ils courront
craindre *craignant* *craint*	je crains tu crains il craint n. craignons v. craignez ils craignent	je craignais tu craignais il craignait n. craignions v. craigniez ils craignaient	je craindrai tu craindras il craindra n. craindrons v. craindrez ils craindront
croire *croyant* *cru*	je crois tu crois il croit n. croyons v. croyez ils croient	je croyais tu croyais il croyait n. croyions v. croyiez ils croyaient	je croirai tu croiras il croira n. croirons v. croirez ils croiront
devoir *devant* *dû, due*	je dois tu dois il doit n. devons v. devez ils doivent	je devais tu devais il devait n. devions v. deviez ils devaient	je devrai tu devras il devra n. devrons v. devrez ils devront
dire *disant* *dit*	je dis tu dis il dit n. disons v. dites ils disent	je disais tu disais il disait n. disions v. disiez ils disaient	je dirai tu diras il dira n. dirons v. direz ils diront
écrire *écrivant* *écrit*	j' écris tu écris il écrit n. écrivons v. écrivez ils écrivent	j' écrivais tu écrivais il écrivait n. écrivions v. écriviez ils écrivaient	j' écrirai tu écriras il écrira n. écrirons v. écrirez ils écriront

Impératif	Conditionnel Présent	Subjonctif Présent	Verbes de la même Conjugaison
connais connaissons connaissez	je connaîtrais tu connaîtrais il connaîtrait n. connaîtrions v. connaîtriez ils connaîtraient	je connaisse tu connaisses il connaisse n. connaissions v. connaissiez ils connaissent	reconnaître apparaître disparaître paraître
cours courons courez	je courrais tu courrais il courrait n. courrions v. courriez ils courraient	je coure tu coures il coure n. courions v. couriez ils courent	accourir parcourir secourir
crains craignons craignez	je craindrais tu craindrais il craindrait n. craindrions v. craindriez ils craindraient	je craigne tu craignes il craigne n. craignions v. craigniez ils craignent	atteindre plaindre
crois croyons croyez	je croirais tu croirais il croirait n. croirions v. croiriez ils croiraient	je croie tu croies il croie n. croyions v. croyiez ils croient	
dois devons devez	je devrais tu devrais il devrait n. devrions v. devriez ils devraient	je doive tu doives il doive n. devions v. deviez ils doivent	
dis disons dites	je dirais tu dirais il dirait n. dirions v. diriez ils diraient	je dise tu dises il dise n. disions v. disiez ils disent	
écris écrivons écrivez	j' écrirais tu écrirais il écrirait n. écririons v. écririez ils écriraient	j' écrive tu écrives il écrive n. écrivions v. écriviez ils écrivent	décrire inscrire

Infinitif	Présent	Imparfait	Futur
envoyer *envoyant* *envoyé*	j' envoie tu envoies il envoie n. envoyons v. envoyez ils envoient	j' envoyais tu envoyais il envoyait n. envoyions v. envoyiez ils envoyaient	j' enverrai tu enverras il enverra n. enverrons v. enverrez ils enverront
essuyer *essuyant* *essuyé*	j' essuie tu essuies il essuie n. essuyons v. essuyez ils essuient	j' essuyais tu essuyais il essuyait n. essuyions v. essuyiez ils essuyaient	j' essuierai tu essuieras il essuiera n. essuierons v. essuierez ils essuieront
faire *faisant* *fait*	je fais tu fais il fait n. faisons v. faites ils font	je faisais tu faisais il faisait n. faisions v. faisiez ils faisaient	je ferai tu feras il fera n. ferons v. ferez ils feront
falloir —— *fallu*	il faut	il fallait	il faudra
finir *finissant* *fini*	je finis tu finis il finit n. finissons v. finissez ils finissent	je finissais tu finissais il finissait n. finissions v. finissiez ils finissaient	je finirai tu finiras il finira n. finirons v. finirez ils finiront
lire *lisant* *lu*	je lis tu lis il lit n. lisons v. lisez ils lisent	je lisais tu lisais il lisait n. lisions v. lisiez ils lisaient	je lirai tu liras il lira n. lirons v. lirez ils liront
manger *mangeant* *mangé*	je mange tu manges il mange n. mangeons v. mangez ils mangent	je mangeais tu mangeais il mangeait n. mangions v. mangiez ils mangeaient	je mangerai tu mangeras il mangera n. mangerons v. mangerez ils mangeront

Impératif	Conditionnel Présent	Subjonctif Présent	Verbes de la même Conjugaison
envoie envoyons envoyez	j' enverrais tu enverrais il enverrait n. enverrions v. enverriez ils enverraient	j' envoie tu envoies il envoie n. envoyions v. envoyiez ils envoient	renvoyer
essuie essuyons essuyez	j' essuierais tu essuierais il essuierait n. essuierions v. essuieriez ils essuieraient	j' essuie tu essuies il essuie n. essuyions v. essuyiez ils essuient	ennuyer employer
fais faisons faites	je ferais tu ferais il ferait n. ferions v. feriez ils feraient	je fasse tu fasses il fasse n. fassions v. fassiez ils fassent	défaire satisfaire
	il faudrait	il faille	
finis finissons finissez	je finirais tu finirais il finirait n. finirions v. finiriez ils finiraient	je finisse tu finisses il finisse n. finissions v. finissiez ils finissent	tous les verbes du 2ème groupe obéir réussir choisir
lis lisons lisez	je lirais tu lirais il lirait n. lirions v. liriez ils liraient	je lise tu lises il lise n. lisions v. lisiez ils lisent	élire relire
mange mangeons mangez	je mangerais tu mangerais il mangerait n. mangerions v. mangeriez ils mangeraient	je mange tu manges il mange n. mangions v. mangiez ils mangent	nager voyager

Infinitif	Présent	Imparfait	Futur
mettre *mettant* *mis*	je mets tu mets il met n. mettons v. mettez ils mettent	je mettais tu mettais il mettait n. mettions v. mettiez ils mettaient	je mettrai tu mettras il mettra n. mettrons v. mettrez ils mettront
mourir *mourant* *mort*	je meurs tu meurs il meurt n. mourons v. mourez ils meurent	je mourais tu mourais il mourait n. mourions v. mouriez ils mouraient	je mourrai tu mourras il mourra n. mourrons v. mourrez ils mourront
naître *naissant* *né*	je nais tu nais il naît n. naissons v. naissez ils naissent	je naissais tu naissais il naissait n. naissions v. naissiez ils naissaient	je naîtrai tu naîtras il naîtra n. naîtrons v. naîtrez ils naîtront
ouvrir *ouvrant* *ouvert*	j' ouvre tu ouvres il ouvre n. ouvrons v. ouvrez ils ouvrent	j' ouvrais tu ouvrais il ouvrait n. ouvrions v. ouvriez ils ouvraient	j' ouvrirai tu ouvriras il ouvrira n. ouvrirons v. ouvrirez ils ouvriront
payer *payant* *payé*	je pai[y]e tu pai[y]es il pai[y]e n. payons v. payez ils pai[y]ent	je payais tu payais il payait n. payions v. payiez ils payaient	je pai[y]erai tu pai[y]eras il pai[y]era n. pai[y]erons v. pai[y]erez ils pai[y]eront
plaire *plaisant* *plu*	je plais tu plais il plaît n. plaisons v. plaisez ils plaisent	je plaisais tu plaisais il plaisait n. plaisions v. plaisiez ils plaisaient	je plairai tu plairas il plaira n. plairons v. plairez ils plairont
pleuvoir *pleuvant* *plu*	il pleut	il pleuvait	il pleuvra

Impératif	Conditionnel Présent	Subjonctif Présent	Verbes de la même Conjugaison
mets mettons mettez	je mettrais tu mettrais il mettrait n. mettrions v. mettriez ils mettraient	je mette tu mettes il mette n. mettions v. mettiez ils mettent	admettre permettre promettre remettre transmettre
meurs mourons mourez	je mourrais tu mourrais il mourrait n. mourrions v. mourriez ils mourraient	je meure tu meures il meure n. mourions v. mouriez ils meurent	
nais naissons naissez	je naîtrais tu naîtrais il naîtrait n. naîtrions v. naîtriez ils naîtraient	je naisse tu naisses il naisse n. naissions v. naissiez ils naissent	
ouvre ouvrons ouvrez	j' ouvrirais tu ouvrirais il ouvrirait n. ouvririons v. ouvririez ils ouvriraient	j' ouvre tu ouvres il ouvre n. ouvrions v. ouvriez ils ouvrent	couvrir découvrir offrir souffrir
pai[y]e payons payez	je pai[y]erais tu pai[y]erais il pai[y]erait n. pai[y]erions v. pai[y]eriez ils pai[y]eraient	je pai[y]e tu pai[y]es il pai[y]e n. payions v. payiez ils pai[y]ent	essayer
plais plaisons plaisez	je plairais tu plairais il plairait n. plairions v. plairiez ils plairaient	je plaise tu plaises il plaise n. plaisions v. plaisiez ils plaisent	taire (Présent de la 3ème personne : il tait)
	il pleuvrait	il pleuve	

Infinitif	Présent	Imparfait	Futur
pouvoir *pouvant* *pu*	je peux tu peux il peut n. pouvons v. pouvez ils peuvent	je pouvais tu pouvais il pouvait n. pouvions v. pouviez ils pouvaient	je pourrai tu pourras il pourra n. pourrons v. pourrez ils pourront
préférer *préférant* *préféré*	je préfère tu préfères il préfère n. préférons v. préférez ils préfèrent	je préférais tu préférais il préférait n. préférions v. préfériez ils préféraient	je préférerai tu préféreras il préférera n. préférerons v. préférerez ils préféreront
prendre *prenant* *pris*	je prends tu prends il prend n. prenons v. prenez ils prennent	je prenais tu prenais il prenait n. prenions v. preniez ils prenaient	je prendrai tu prendras il prendra n. prendrons v. prendrez ils prendront
recevoir *recevant* *reçu*	je reçois tu reçois il reçoit n. recevons v. recevez ils reçoivent	je recevais tu recevais il recevait n. recevions v. receviez ils recevaient	je recevrai tu recevras il recevra n. recevrons v. recevrez ils recevront
rire *riant* *ri*	je ris tu ris il rit n. rions v. riez ils rient	je riais tu riais il riait n. riions v. riiez ils riaient	je rirai tu riras il rira n. rirons v. rirez ils riront
savoir *sachant* *su*	je sais tu sais il sait n. savons v. savez ils savent	je savais tu savais il savait n. savions v. saviez ils savaient	je saurai tu sauras il saura n. saurons v. saurez ils sauront
sentir *sentant* *senti*	je sens tu sens il sent n. sentons v. sentez ils sentent	je sentais tu sentais il sentait n. sentions v. sentiez ils sentaient	je sentirai tu sentiras il sentira n. sentirons v. sentirez ils sentiront

Impératif	Conditionnel Présent	Subjonctif Présent	Verbes de la même Conjugaison
	je pourrais tu pourrais il pourrait n. pourrions v. pourriez ils pourraient	je puisse tu puisses il puisse n. puissions v. puissiez ils puissent	
préfère préférons préférez	je préférerais tu préférerais il préférerait n. préférerions v. préféreriez ils préféreraient	je préfère tu préfères il préfère n. préférions v. préfériez ils préfèrent	espérer inquiéter
prends prenons prenez	je prendrais tu prendrais il prendrait n. prendrions v. prendriez ils prendraient	je prenne tu prennes il prenne n. prenions v. preniez ils prennent	apprendre comprendre reprendre
reçois recevons recevez	je recevrais tu recevrais il recevrait n. recevrions v. recevriez ils recevraient	je reçoive tu reçoives il reçoive n. recevions v. receviez ils reçoivent	apercevoir
ris rions riez	je rirais tu rirais il rirait n. ririons v. ririez ils riraient	je rie tu ries il rie n. riions v. riiez ils rient	sourire
sache sachons sachez	je saurais tu saurais il saurait n. saurions v. sauriez ils sauraient	je sache tu saches il sache n. sachions v. sachiez ils sachent	
sens sentons sentez	je sentirais tu sentirais il sentirait n. sentirions v. sentiriez ils sentiraient	je sente tu sentes il sente n. sentions v. sentiez ils sentent	dormir mentir partir servir sortir

Infinitif	Présent	Imparfait	Futur
suivre *suivant* *suivi*	je suis tu suis il suit n. suivons v. suivez ils suivent	je suivais tu suivais il suivait n. suivions v. suiviez ils suivaient	je suivrai tu suivras il suivra n. suivrons v. suivrez ils suivront
tenir *tenant* *tenu*	je tiens tu tiens il tient n. tenons v. tenez ils tiennent	je tenais tu tenais il tenait n. tenions v. teniez ils tenaient	je tiendrai tu tiendras il tiendra n. tiendrons v. tiendrez ils tiendront
valoir *valant* *valu*	je vaux tu vaux il vaut n. valons v. valez ils valent	je valais tu valais il valait n. valions v. valiez ils valaient	je vaudrai tu vaudras il vaudra n. vaudrons v. vaudrez ils vaudront
venir *venant* *venu*	je viens tu viens il vient n. venons v. venez ils viennent	je venais tu venais il venait n. venions v. veniez ils venaient	je viendrai tu viendras il viendra n. viendrons v. viendrez ils viendront
vivre *vivant* *vécu*	je vis tu vis il vit n. vivons v. vivez ils vivent	je vivais tu vivais il vivait n. vivions v. viviez ils vivaient	je vivrai tu vivras il vivra n. vivrons v. vivrez ils vivront
voir *voyant* *vu*	je vois tu vois il voit n. voyons v. voyez ils voient	je voyais tu voyais il voyait n. voyions v. voyiez ils voyaient	je verrai tu verras il verra n. verrons v. verrez ils verront
vouloir *voulant* *voulu*	je veux tu veux il veut n. voulons v. voulez ils veulent	je voulais tu voulais il voulait n. voulions v. vouliez ils voulaient	je voudrai tu voudras il voudra n. voudrons v. voudrez ils voudront

Impératif	Conditionnel Présent	Subjonctif Présent	Verbes de la même Conjugaison
suis suivons suivez	je suivrais tu suivrais il suivrait n. suivrions v. suivriez ils suivraient	je suive tu suives il suive n. suivions v. suiviez ils suivent	poursuivre
tiens tenons tenez	je tiendrais tu tiendrais il tiendrait n. tiendrions v. tiendriez ils tiendraient	je tienne tu tiennes il tienne n. tenions v. teniez ils tiennent	devenir revenir venir obtenir appartenir
vaux valons valez	je vaudrais tu vaudrais il vaudrait n. vaudrions v. vaudriez ils vaudraient	je vaille tu vailles il vaille n. valions v. valiez ils vaillent	
viens venons venez	je viendrais tu viendrais il viendrait n. viendrions v. viendriez ils viendraient	je vienne tu viennes il vienne n. venions v. veniez ils viennent	devenir revenir tenir obtenir appartenir
vis vivons vivez	je vivrais tu vivrais il vivrait n. vivrions v. vivriez ils vivraient	je vive tu vives il vive n. vivions v. viviez ils vivent	survivre
vois voyons voyez	je verrais tu verrais il verrait n. verrions v. verriez ils verraient	je voie tu voies il voie n. voyions v. voyiez ils voient	revoir
veuille veuillons veuillez	je voudrais tu voudrais il voudrait n. voudrions v. voudriez ils voudraient	je veuille tu veuilles il veuille n. voulions v. vouliez ils veuillent	